ドライフルーツ・ナッツ・雑穀の簡単レシピ86

からだにいい素材でつくるおやつとパン

パンの材料屋 maman

はじめに

最近、ブームになりつつあるドライフルーツ・ナッツ・雑穀は、健康食としても注目されています。

鉄やミネラルなど不足しがちな栄養はサプリなどに頼っている人も多いのではないでしょうか。

おやつは無駄なもの、肥満の原因と考えられがちですが、

おやつからたっぷりのミネラルや食物繊維が摂れたら嬉しいですよね。

私たちのお店でも、ミネラルやビタミン、食物繊維などが豊富なドライフルーツや、ナッツ、

雑穀などをたくさん扱うようになりました。

本書では、そうした素材を使った美味しくて簡単、

そして何よりもからだにうれしいをテーマにしたレシピをたくさん紹介しています。

手づくりのおやつには愛情と栄養がたっぷり。

いつものお菓子づくりに、新しい素材を取り入れてみませんか？

毎日を笑顔と元気にしてくれるおやつは、また食べたくなる、何度も作りたくなる、

そんなお気に入りのレシピになっていくはず。

そして、そこから家庭の味となるおやつが生まれるのも、また楽しみです。

いつまでも、そっとキッチンの片隅に置いてあるレシピ本となりますように。

パンの材料屋 maman

目次

第1章　ドライフルーツ

- 008　ドライフルーツサプリ3種
- 010　ドライフルーツのジャム3種・ラム酒漬け
- 011　ドライアプリコットのコンポート
- 012　デーツとクルミのケーキ
- 014　はちみつレモンケーキ
- 016　ベリーのスコーン
- 018　ベリーとミューズリーのクッキー
- 019　オランジェ
- 020　フルーツヌガー
- 021　ドライフルーツパンケーキ
- 022　チョコレートバナナマフィン
- 023　ベリーベリーのマフィン
- 024　いちじくのケーキ
- 026　オレンジのチーズケーキ
- 028　チェリートマトとクリームチーズのパウンドケーキ
- 030　甘夏パウンドケーキ
- 032　〜お砂糖のおはなし〜
- 034　本和香糖のスノーボール
- 035　抹茶寒天と黒蜜

第2章　ナッツ

- 038　ローストナッツのはちみつ漬け・ローストの仕方
- 040　ピーカンナッツきなこ・黒糖クルミ
- 041　生姜カシューナッツ・雪塩アーモンド
- 042　キャラメルナッツ
- 044　ナッツドココア
- 045　クルミとピスタチオのメレンゲクッキー
- 046　ココナッツサブレ
- 048　ココナッツミルクプリン
- 050　クルミとデーツのクッキー
- 052　ザク切りチョコとヘーゼルナッツのビスコッティ
- 054　アーモンドミルクのブランマンジェ
- 055　クルミゆべし
- 056　クルミのケーキ
- 058　〜油脂のおはなし〜
- 060　型抜きサブレ
- 061　ココナッツオイルアイス
- 062　クリームチーズのディップアレンジ
- 064　バターのディップスティックアレンジ
- 066　ごまペーストのディップアレンジ

第3章　雑穀

- 070　〜雑穀のおはなし〜
- 072　雑穀パウンドケーキ
- 074　焙煎大麦粉のスノーボール
- 075　もち大麦粉のどら焼き
- 076　ソイバー
- 078　アマニのショートブレッド
- 080　自家製グラノーラ
- 082　ごまたっぷりチュイール
- 083　シードミックスクッキー
- 084　マロングラッセとポピーシードのシフォンケーキ
- 086　焙煎玄米クッキー
- 087　甘酒シャーベット
- 088　小豆の炊き方
- 090　豆腐の白玉だんご
- 091　濃い抹茶アイスクリーム
- 092　〜お塩のおはなし〜
- 094　雪塩でつくる「ちんすこう」
- 095　塩キャラメルマフィン

第4章　手軽につくりたいパンとおやつ

- 098　〜粉のおはなし〜
- 100　ベーシックな食パン
- 102　レーズン入り食パン
- 103　キャラメルりんごブレッド
- 104　雑穀入り食パン
- 105　7種のフルーツブレッド
- 106　シナモンロール
- 108　プチパン
- 110　ごまパン（プチパンアレンジ）
- 111　パニーニ（プチパンアレンジ）
- 112　バターロール
- 113　クリームパン（自家製カスタードクリームの作り方）
- 114　メロンパン（メロン皮の作り方）
- 116　グリッシーニ
- 117　モチモチ蒸しパン
- 118　ブラウニー
- 119　ホワイトブラウニー
- 120　チョコレート・ロシェ
- 122　生チョコタルト
- 123　季節のフルーツゼリー
- 124　フルーツピューレのマシュマロ
- 125　フルーツピューレのソルベ
- 126　ベリーのクラフティ
- 127　豆乳花

この本の使い方

- オーブンは、あらかじめ設定温度まで予熱をしておいてください。
- お手持ちのオーブンなどの癖などによって、焼き時間、設定温度の調整をしてください。
- レシピに明記されている角形トレーなどは、ご家庭にあるもので代用可能です。（IFトレーなどでも代用できます。）分量やサイズなどから参照してください。
- 砂糖、塩、油脂などは、レシピおすすめのものを紹介していますが、お好みのもので代用可能です。

Dried fruit

ドライフルーツ

みずみずしいフルーツも美味しいけれど、おひさまの光をたっぷり浴びたドライフルーツには、果実の甘味はもちろん、栄養素などもギュッと凝縮されています。長期保存もきくので、疲れた時の栄養補給にもおすすめです。今は、コンビニスイーツなどにも取り入れられていますが、お家で簡単に作れるレシピは家族を笑顔にしてくれること間違いなし。天然の甘味を活かしたレシピのほどよい甘さに、からだもよろこびます。

ドライフルーツをサプリ感覚で

そのまま食べても美味しく栄養もいっぱいのドライフルーツは、栄養素別に分けて瓶に入れたら、ちょっとしたサプリメントに。
保存もできて見た目も可愛く、ちょっと疲れた日の栄養補給におすすめ。今日はどれを選ぶ?

Dried fruit

美容系おすすめ 5種

ビタミンCたっぷり

ビタミンが豊富で抗酸化作用に優れているのでお肌にもうれしい。ちょっとお肌が疲れた時にはビタミンをたっぷり補給して。ほどよい酸味も魅力です。

クランベリー
　ビタミンC、カルシウム、ポリフェノール

ストロベリー
　ビタミンC、鉄分、カリウム、カルシウムなどのミネラル、ポリフェノール

レモンスティック
　ビタミンC、カルシウム

オレンジピール、甘夏柑スティック
　ビタミンC、ビタミンB1、B2、ビタミンE、カリウム、βカロテン、ルティン、ゼアキサンチン、クエン酸

健康系おすすめ 3種

鉄分、食物繊維、ビタミンB群

豊富な鉄分が貧血予防、また血液サラサラ効果も期待できるおすすめの3種。食事では補いきれない栄養分がギュッと詰まったイチジクやプルーンは女性に嬉しい成分がたっぷり。

ドライイチジク（白）
　ビタミンB1、B2、C、カルシウム、カリウム、鉄分などのミネラル、食物繊維、ポリフェノール

ドライイチジク（黒）
　ポリフェノール、食物繊維

プルーン
　鉄分、ビタミンB1、B2、B6、ビタミンE、ポリフェノール、食物繊維

ダイエット系おすすめ 4種

食物繊維と栄養バランス

毎日をスッキリと過ごしたい人におすすめの食物繊維たっぷりなマンゴーやデーツ。腸内環境を整えてくれるので、お通じが気になる時にはおやつとして取り入れてみて。

ドライマンゴー
　食物繊維、ビタミンA、E、葉酸、βカロテン

ドライアプリコット
　食物繊維、ビタミンA、βカロテン、鉄分、カリウム

デーツ
　食物繊維、ミネラル、ビタミンB1、B2、B3、鉄分、葉酸、亜鉛

ドライバナナ
　βカロテン、食物繊維、ビタミンA

ドライフルーツの食べ方

少量から作れる ドライフルーツのジャム3種

材料

オレンジ
オレンジピール…50g
水…50g
ホワイトキュラソー
（香り付）…小さじ1

イチジク
ブラックフィグ…50g
水…50g
はちみつ…大さじ1

クランベリー
ドライクランベリー
…50g
水…50g
はちみつ…大さじ1

作り方
1. 材料を鍋に入れて、フツフツするまで煮込む。
2. 水分がなくなったら火を止めて冷ます。

色どり鮮やかな ドライフルーツ・ラム酒漬

材料
お好みのドライフルーツ…250g
（刻んだドライオレンジピール、レーズン、クランベリーなど）
ビートグラニュー糖…70g　　水…70g　　ラム酒…70ml

作り方
1. 小さめの鍋にビートグラニュー糖と水を入れ、沸騰したら、ドライフルーツを加え再び沸騰したら火を弱火にして5分、コトコト煮る。ラム酒を加え混ぜ合わせる。再度火にかけ沸騰したら弱火にして5分。火を止めてオーブンシートで落としブタをして完全に冷ます。

ドライアプリコットのコンポート

ドライアプリコットに水を加えて戻すことで手軽に作れるコンポート。ヨーグルトやアイスに添えて召し上がれ。

材料（作りやすい量）
ドライアプリコット…100g
ドライクランベリー…50g
ビートグラニュー糖…60g
水‥適量

下準備
・保存用の容器は瓶などを用意して煮沸消毒しておく。

作り方
1. 鍋にドライアプリコットとビートグラニュー糖を入れ、ひたひたより少し多めの水を加え中火にかける。
2. 沸騰してあくがでたら取り除き、ふたをしたら弱火にして10分ほど煮る。
3. ドライクランベリーを加え、水分が少ないようならフルーツがひたひたになるまでお湯を足し、一度沸騰させ弱火で2分ほど煮てから火を止めて、保存容器に入れる。

◆ ドライアプリコット

あんずにはビタミンA、βカロテン、カリウム、鉄分が豊富に含まれ、食物繊維も豊富で美容に最適。汗と一緒に失われがちなミネラル補給にもおすすめ。

ドライフルーツをつかったレシピ

ドライフルーツを上手く使ってお菓子を作れば、砂糖を控えることができて、
不足しがちな栄養素も摂れるのがポイント。
ビタミン、ミネラル、食物繊維を美味しく、楽しくいただけます。

Dried fruit

recipe_01

デーツとクルミのケーキ

ミネラルと鉄分がたっぷり摂れるおやつ。
デーツの甘味とくるみの香ばしさが抜群です。

材料（12cmの角型2枚分）
薄力粉…25g
アーモンドプードル…50g
グラニュー糖…25g
全卵…50g
太白胡麻油またはサラダ油…20g
デーツ（種なし）…100g
クルミ…100g
プルーン…50g

下準備
・プルーン、デーツ、クルミなどホールのものは刻んでおく。
・型にオーブンシートを敷く。

作り方
1. ボウルに薄力粉とアーモンドプードル、グラニュー糖を入れ、泡立て器で混ぜ合わせる。次に全卵、油の順に加え、その都度よく混ぜ合わせる。
2. ①にデーツ、クルミ、プルーンを一度に加えて全体に混ぜる。
3. 型に生地を均等に流し込み、表面を平らにして、180度に予熱したオーブンで25〜30分焼く。

◆ デーツ

デーツは日本では食べ慣れないドライフルーツ。「生命の樹」とも言われ、ビタミン、ミネラルが豊富。女性に嬉しい鉄分やカルシウム、食物繊維も豊富で、毎日でも食べたい優れたドライフルーツの代表格。レストランではデーツに生ハムを巻いたり、クリームチーズをサンドしてオードブルとして登場することも。

Dried fruit

recipe_02

はちみつレモンケーキ

甘酸っぱくて見た目もさわやかな、レモンが香るしっとりケーキ。
冷たく冷やして美味しくいただけます。

材料（18cmタルト型1台分）

薄力粉…70g　　　　　レモンスティック…30g
無塩バター…90g　　　レモンスライス…10枚
グラニュー糖…80g　　はちみつ…適量
全卵…90g

下準備
・無塩バターは常温に戻しておく。
・薄力粉はふるっておく。
・レモンスティックは細かく刻んでおく。

作り方
1. 無塩バターをボウルに入れハンドミキサーでクリーム状に練り、グラニュー糖を加え白っぽくふんわりするまで約10分すり混ぜる。
2. 溶いた全卵を3〜4回に分けて加え、その都度よく混ぜ合わせる。
3. 薄力粉を一度に加えゴムベラでよく混ぜ、刻んでおいたレモンスティックを加えてさらに混ぜる。
4. 型に生地を流し入れ、表面を平らにしてから、汁気を切ったレモンスライスを生地の上に並べて天板にのせ、170度に予熱したオーブンで35〜40分焼く。
5. 焼き上がったら熱いうちにはちみつを表面にかける。

◆ レモンスティック

レモンと言えば、誰もが思い浮かべるビタミンC。果肉よりも皮の方に多く含まれる。レモンの皮をドライにしたものも売っているので、それを使うと簡単。また、デトックスや免疫効果が期待できるバイオフラボノイドも含まれている。自分で作る時は無農薬レモンを使うと安心。

Dried fruit

recipe_03

ベリーのスコーン

甘酸っぱい3種のベリー入りスコーンは、素朴な味わいながら栄養バランスもうれしいおやつ。あったかいミルクと一緒に味わうと、心もほっこり温まります。

材料（三角スコーン8個分）

A
- 薄力粉…100g
- 小麦全粒粉…50g
- 本和香糖…20g
- ベーキングパウダー…小さじ1
- ゲランドの塩…ひとつまみ

- 無塩バター…50g
- 牛乳…70g
- 3種のドライミックスベリー…50g

※ミックスベリーが手に入らない場合は、ブルーベリーやクランベリー、ラズベリーなど、お好みのベリーでOK

下準備
- 材料Aを合わせてボウルに入れ、冷蔵庫で冷やしておく。
- バターは1cm角に切り、冷蔵庫で冷やしておく。

作り方
1. 粉類が入ったボウルに冷やしたバターを入れ、カードを使ってバターを切るようにして粉に混ぜていく。
2. バターのかたまりがなくなったら、両手ですり合わせてサラサラの状態にする。
3. 冷やした牛乳を加え、カードで切るように全体を混ぜ合わせる。さらにミックスベリーを加え混ぜながら生地をひとまとめにする。
4. 生地に層を作るために、まとめた生地をカードで半分に切って、上下に重ね上から押えて少し広げ、再度半分に切って重ねる、を数回繰り返す。厚さ5cmほどの円型に生地をのばし、ラップで包み冷蔵庫で2時間以上休ませる。
5. 休ませた生地を厚さ2.5cm・直径12cmくらいの円形にのばしたら、ナイフで8等分に切り分け冷蔵庫で1時間冷やす。
6. オーブンシートを敷いた天板に⑤の生地を並べ、180度に予熱したオーブンで25〜30分焼く。

◆ ドライブルーベリー

ブルーベリーは、目に良いとされるアントシアニンが豊富で眼精疲労にも効果的。活性酸素を抑える働きがあるので脳卒中やがん予防に、食物繊維は整腸作用などにもよい。

 Gift Wrapping

クッキーやスコーンなどは、パウンドケーキを入れるトレーにいくつか入れてラッピングしても。下に敷くシートを柄物にしてもかわいいです。

recipe_04

ベリーとミューズリーのクッキー

食物繊維が豊富なミューズリーと栄養満点のクランベリーを組み合わせたサクサククッキー。小腹が空いた時のエネルギーチャージに。

材料（約20枚分）

薄力粉…45g
きび糖…15〜20g
はちみつ…30g
※ミューズリーの甘さで砂糖の量は調節してください

太白胡麻油…40g
水…20g
ミューズリー…70g
ドライクランベリー…50g

作り方

1. ボウルにミューズリー・クランベリー・薄力粉・きび糖を入れ、ゴムベラで混ぜ合わせる。はちみつと太白胡麻油を加えて混ぜ合わせる。

2. 水を加えしっかり混ぜ合わせる。オーブンシートを敷いた天板に、スプーンですくった生地を間隔をあけて落とし、直径5cmくらいに薄く広げる。

3. 160度に予熱したオーブンで25〜30分焼く。

◆ クランベリー

クランベリーは、「湿地のルビー」とも呼ばれ、女性に多い膀胱炎の予防、抗菌、抗酸化、抗ウィルス作用などがあると言われ、健康維持にも効果的。

recipe_05

オランジェ

簡単に作れて見た目もオシャレ！
オレンジピールやオレンジスライスを使うから失敗もなく、美味しくできます。箱に詰めてギフトにも喜ばれること間違いなしです。

材料（作りやすい量）
ドライオレンジピール…適量　　　オレンジスライス…適量
コーティング用チョコレート＋製菓用チョコレート…同量ずつ
（オレンジスライスが、半分ほど沈められる量）

作り方
1. 2種のチョコレートをボウルに入れ、40〜50度くらいの湯煎で溶かす。
2. 溶けたチョコレートに、オレンジピールと、オレンジスライスを半分ほど浸す。
3. バットなどに並べ、冷蔵庫で冷やし固めれば出来上がり。

◆ ドライオレンジ

皮まで食べられるドライのオレンジはたっぷりのビタミンCが美白効果と免疫力アップに期待できる。完全に乾燥した輪切りのオレンジは見た目もかわいいので、リースなどの飾りとしても使えそう。

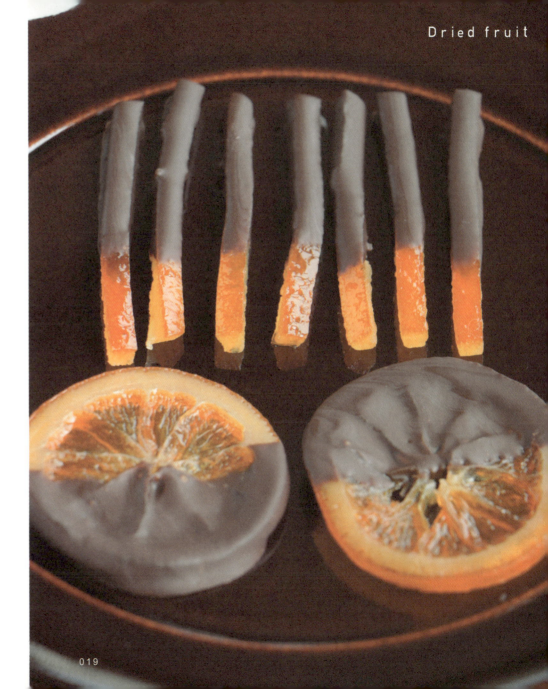

Dried fruit

recipe_06

フルーツヌガー

マシュマロで作るホワイトヌガーに、ココナッツの甘い香りと甘酸っぱいマンゴーがアクセント!
お好みでナッツを入れても。

材料（12cmの角型）

プチマシュマロ … 75g
ココナッツロング…20g
ドライマンゴースライス…20g
ドライパイン…20g
ブラッククランチ…15g
（クッキーを砕いたものでもOK）
コーティングチョコレート…50g

作り方

1. ココナッツロングはフライパンで香りが立つまで軽く炒る。ドライマンゴーは適当な大きさに刻む。角型の内側にラップを型に沿うように丁寧に敷き、その上にサラダ油を塗っておく。

2. 耐熱ボウルに①とマシュマロ、ブラッククランチを入れ混ぜ合わせる。

3. ②を電子レンジで溶かし(目安として20〜40秒)ゴムベラで混ぜ合わせ、①の角型に入れて上からオーブンシートで押さえて、平らにして冷ます。

4. 完全に冷めたら型から外し、オーブンシートもはがす。湯煎で溶かしたチョコレートで片面ずつコーティングしてチョコレートが固まったらできあがり。お好みのサイズにカットする。

※カットする時はナイフをお湯で温めると切り易くなります。
※マシュマロを溶かしてからは固まりやすいので手早く作業してください。

◆ ドライパイン

カルシウムが多く免疫を高めてくれるので風邪予防にも。ストレスホルモンを抑え気分もリフレッシュ。

recipe_07

ドライフルーツパンケーキ

いつものパンケーキに、お好みのドライフルーツをちりばめてみたら、果物の甘味を感じながら食べるフルーツパンケーキの出来上がり。果物の旨みが生地に染み込み、しっとりした食感が楽しめます。

材料（12cmパンケーキ3枚分）
薄力粉…125g
きび糖…20g
ベーキングパウダー…5g
塩…ひとつまみ
全卵1個+牛乳…合わせて160g
ドライフルーツミックス…適量

作り方
1. 薄力粉とベーキングパウダーは合わせてふるっておく。
2. きび糖、全卵、牛乳、塩を加えてよく混ぜる。
3. ②に①を加え混ぜ合わせる。
4. 熱したフライパンに油をひき、弱火にして生地の3分の1を広げる。
5. ふたをしてしばらく火にかける。
6. 表面にフツフツとたくさん穴が開いてきたらドライフルーツをちりばめる(あまり早いタイミングでいれてしまうと、沈んでしまうので注意)。
7. 生地を裏返して弱火で焼く。
8. 両面きつね色になるまで焼き上げたら出来上がり。

Dried fruit

recipe_08

チョコレートバナナマフィン

ドライバナナの歯ごたえがサクッと美味しい。
見た目も可愛いから、パーティーにも使えそう。

材料（7.5cmマフィン型6個）

薄力粉…90g	ベーキングパウダー…4g
無糖ココア…10g	牛乳…40g
本和香糖…70g	チョコチップ…50g
全卵…1個	コーティング用チョコレート…適量
無塩バター…70g	ドライバナナ…適量

下準備
- バター、牛乳、全卵は室温にもどしておく。
- 薄力粉、ココア、ベーキングパウダーは合わせてふるっておく。

作り方
1. ボウルにバターを入れ泡立て器でクリーム状に練り、本和香糖を加え白っぽくなるまですり混ぜる。
2. 溶いた全卵を2〜3回に分けて加えその都度よく混ぜる。ふるっておいた粉の半量を加え混ぜ、牛乳を加え混ぜ合わせる。残りの粉を加え粉っぽさがなくなるまで混ぜ合わせる。
3. チョコチップを加えヘラなどで生地全体に混ざるようにさっくり混ぜ合わせたら、型に生地を均等に流し込み、190度に予熱したオーブンで20〜25分焼き冷ましておく。
4. 上に溶かしたチョコレートをかけて、ドライバナナを飾って完成。

◆ ドライバナナ

バナナはドライにすることでβカロテンが31倍にも上昇。βカロテンは体内でビタミンAになるのでお肌の再生に役立つ効果も。

recipe_09

ベリーベリーのマフィン

友人が訪ねてくる日は、このマフィンでおもてなし。
やさしい甘味とベリーの甘酸っぱさに会話が弾みます。

材料（7.5cmマフィン型6個）

薄力粉…100g
本和香糖…70g
全卵…1個
無塩バター…70g
ベーキングパウダー…4g
牛乳…40g
塩…ひとつまみ
お好みのドライベリーミックス
…70g（ドライのクランベリー、
ブルーベリー、ラズベリーなど）

下準備
- バター、牛乳、全卵は室温にもどしておく。
- 薄力粉とベーキングパウダーは合わせてふるっておく。

作り方
1. ボウルにバターを入れ、泡立て器でクリーム状に練り、本和香糖と塩を加え白っぽくなるまですり混ぜる。
2. 溶いた全卵を2〜3回に分けて加え、その都度よく混ぜる。ふるっておいた粉の半量を加え混ぜる。
3. 牛乳を加え混ぜ合わせる。残りの粉を加え粉っぽさがなくなるまで混ぜ合わせる。
4. ドライクランベリーを加えヘラなどで生地全体に混ざるようにさっくり混ぜ合わせる。
5. 型に生地を均等に流し込み、190度に予熱したオーブンで20〜25分焼く。

Dried fruit

Dried fruit

recipe_10

いちじくのケーキ

女性に嬉しい栄養素が豊富と言われるイチジクを使ったケーキ。
美味しく食べているうちにキレイになるかも？

材料（15×9cmパウンド型1台分）
薄力粉…70g
ベーキングパウダー…2g
無塩バター…60g
きび糖…40g
全卵…70g
いちじくジャム…60g
クリームチーズ…30g
飾り用ドライいちじく…適量

準備
・バター・全卵は室温にもどしておく。
・薄力粉とベーキングパウダーは合わせてふるっておく。
・クリームチーズは1cm角にカットしておく。
・型にオーブンシートを敷いておく。

作り方
1. ボウルにバターを入れ泡立て器でクリーム状に練り、きび糖を加え白っぽくふわっとなるまでしっかり混ぜ合わせる。溶いた全卵を2〜3回に分けて加えその都度よく混ぜる。
2. 粉類を一度に加えゴムヘラなどで、粉っぽさがなくなるまで混ぜ合わせる。ジャムを加え全体に混ざるように混ぜ合わせ、クリームチーズも加えサックリ混ぜ合わせる。
3. 生地をパウンド型に流し込み、飾り用のドライいちじくをカットして飾る。(ドライいちじくは焦げやすいので生地に軽く押しこむ)180度に予熱したオーブンで40〜45分焼く。

◆ ドライいちじく

食物繊維がたっぷりなイチジク。カルシウム、カリウム、鉄分などのミネラルも豊富。鉄分は貧血予防に、カリウムは余分な塩分を排出する作用があり、むくみ防止や高血圧などにも。フェシンというたんぱく質分解酵素が消化を助け、便秘解消などにも効果的。女性に嬉しい成分たっぷりのドライフルーツ。

Dried fruit

recipe_11

オレンジのチーズケーキ

ネーブルのきれいなオレンジ色と独特のさわやかな香りが広がるケーキは、
テーブルを華やかにしてくれます。

材料（底が抜ける直径15cm丸型1台）

クリームチーズ…160g
サワークリーム…90ml
ビートグラニュー糖…50g

全卵…40g
レモン汁…30g
薄力粉…10g

オレンジピール（刻み）…80g
オレンジスライスシロップ漬け…10枚
グラハムクッキー…70g
無塩バター…30g

下準備
・薄力粉はふるっておく。
・バターは湯煎かレンジで溶かしておく。
・クリームチーズは室温にもどしておく。

作り方
1. グラハムクッキーをポリ袋に入れめん棒などでたたいて細かく砕き、バターを加えたら揉んで混ぜ、型の底にきっちり敷きつめる。
2. ボウルにクリームチーズを入れ泡立て器でなめらかなクリーム状になるまで混ぜ、さらにビートグラニュー糖を加えよく練り合わせる。
3. サワークリームを加え混ぜ合わせ、溶いた全卵を2〜3回に分けて加え、その都度よく混ぜ合わせる。
4. レモン汁・薄力粉の順に加え、その都度よく混ぜ合わせる。オレンジピール（刻み）を加えたらゴムベラで全体に混ざるように合わせる。
5. ①の型に生地を流し込み、水分を拭き取り半分にカットしたオレンジスライスを生地の上にならべる。160度に予熱したオーブンで40〜45分焼く。

◆ オレンジピール（刻み）

ビタミンCやB1、B2、Eなどたっぷりのオレンジは気分をリフレッシュさせてくれる、さわやかな柑橘の香りが魅力。ほんのりした苦味も癖になる味わい。

 Gift Wrapping

見た目が華やかなオレンジケーキは、透明な袋に入れてプレゼントするのがおすすめ。1つずつベーキングトレーにのせて、同系色のリボンを結べば特別感もアップ！

recipe_12

チェリートマトとクリームチーズの
パウンドケーキ

ドライにしたチェリートマトを使ったパウンドケーキ。
フルーツのような甘味と酸味はもちろん、
クリームチーズの濃厚さで、大人が喜ぶスイーツに。

材料（18cmパウンド型1台分）
薄力粉…100g　　　　　全卵…100g
無塩バター…100g　　　ドライチェリートマト…40g
きび糖…80g　　　　　　クリームチーズ…40g

◆ ドライチェリートマト

濃厚な甘みと酸味のトマトには、リコピンが豊富。ビタミンB1、B2、ビタミンEの他、カリウムやマグネシウム、カルシウム、鉄分、亜鉛なども含まれて体に悪い活性酸素を除去してくれる。

下準備
・バター・全卵は室温にもどしておく。
・クリームチーズは1cm角にカットしておく。
・ドライチェリートマトは刻んでおく。
・薄力粉はふるっておく。
・型にオーブンシートを敷いておく。

作り方

1. ボウルにバターを入れハンドミキサーでクリーム状に練り、きび糖を加え白っぽくふんわりするまで、約10分ハンドミキサーでしっかり混ぜ合わせる。

2. 溶いた全卵を3〜4回に分けて加えその都度ハンドミキサーでしっかり混ぜ合わせる。

3. 薄力粉を一度に加えゴムベラで切るように粉っぽさがなくなるまで混ぜる。チェリートマトとクリームチーズを加え全体に混ざるようにさっくり混ぜ合わせる。

4. 型に生地を流し込み、170度に予熱したオーブンで40〜45分焼く。焼き始めてから10分ほどのところでオーブンから取り出し、よく切れるナイフで中央に一筋切れ目を入れると、真ん中がきれいに割れて焼きあがります。金属の型の場合は、焼きあがったら型からすぐに外して冷ます。

Dried fruit

recipe_13

甘夏パウンドケーキ

甘夏の香りが口いっぱいに広がるパウンドケーキはいかが？
たっぷりのアイシングでコーティングされたケーキで、ちょっと気取ったティータイムを。

材料（18cmパウンド型1台分）

薄力粉…100g　　　　全卵…100g　　　　水…15〜20g
ベーキングパウダー…4g　甘夏缶…8房　　　飾り用ピスタチオ…適量
太白胡麻油…100g　　甘夏缶汁…20g　　飾り用ドライ甘夏…適量
本和香糖…80g　　　粉砂糖…100g

◆ ドライ甘夏

ビタミンCとビタミンB1がたっぷり。爽やかな香りと、甘夏ならではの甘味と苦味が楽しめ、美肌効果とともに疲れなども回復させてくれる。

下準備
・薄力粉とベーキングパウダーを合わせてふるっておく。
・型にオーブンシートを敷いておく。

作り方

1. ボウルに大白胡麻油・本和香糖の順に入れ、泡立て器で混ぜ合わせる。そこへ全卵を半量加え、油となじむよう、なめらかな状態になるまで混ぜ合わせる。さらに残りの全卵を加え、なめらかになるまでよく混ぜ合わせる。
2. ふるった粉類を半量加え、ゴムベラで粉っぽさがなくなるまでさっくり混ぜ合わせる。残りの粉類を加え同様に混ぜ合わせる。
3. 甘夏缶汁を生地に加え混ぜ合わせる。
4. 型に生地を流し込み、甘夏を全体に差し込むように入れる。
5. 180度に予熱したオーブンで35〜40分焼く。
6. 焼きあがったら型から外し、網の上などで冷ましておく。
7. ボウルに粉砂糖をいれ、水を少しずつ加えやや硬めのアイシングを作り、完全に冷めたパウンドケーキの上にかけ、ドライ甘夏、ピスタチオを飾る。かけるアイシングの量はお好みで。

〜お砂糖のおはなし〜

色や香りの違いは栄養素の違い。お菓子の個性に合わせてセレクト

砂糖は塩と同様、煮詰めて純粋な結晶に近づくほど無色透明になっていきます。まっ白な白砂糖は不純物を除いた純度のしるし。漂白されているわけではありません。茶色い色味の残る砂糖は、不純物などを取り除く前のもの。不純物を取り除くほどに、クセがなくなり、どんなものにも合いますが、色とともに香りや風味、一部の栄養なども失われています。お菓子づくりの職人が白砂糖を好むのは、お菓子の香りや味を邪魔させないためだったりするのです。お砂糖の選び方は、どんな仕上がりにしたいかや、合わせる材料との相性などを考えて決めます。サトウキビの独特な香りが残る粗糖には、ミネラルなども多く残っているので体にも良く、素朴な料理やお菓子には、独特の香りや個性的な風味がいい味わいとなることも。どの砂糖がどんなお菓子に合うのか、色々と試してみるのもおすすめです。

白砂糖

どんな料理や飲料にも合う一般的な砂糖。上白糖と呼ばれしっとりしている。

純粉糖

グラニュー糖を粉砕して粉状にしたもの。溶けやすくお菓子作りにおすすめ。固まりやすい性質。

粉砂糖（コーンスターチ入り）

お菓子作りに最適な固まりにくい粉砂糖。クッキー生地への練り込みや上掛けに。

溶けない粉砂糖

パンやお菓子のトッピングに。ふりかけて時間が経っても溶けない粉糖。

ビートグラニュー糖

北海道産のてんさいを原料にしたグラニュー糖。さっぱりした甘みと風味が特徴。ジャムなどに。

グレーズミックス

熱々のミニクロワッサンの上などに、水でといたグレーズミックスを刷毛で塗るのによく使われる。

フロストシュガー

固まりにくく溶けやすいソフトな甘さの砂糖。ヨーグルトなどに入れるのが定番。

微粒子グラニュー糖

通常のグラニュー糖に比べて結晶が細かく、水に溶けやすい。お菓子作りにおすすめ。

Sugar

ワッフルシュガー

ベルギーワッフルの生地などに使用。トッピングして焼き込み可能。

ドーナツシュガー

揚げたてのドーナツのまわりにうまく絡む油脂が加工された砂糖。

ざらめ糖

中双糖。黄褐色のさらさらした粒状結晶。綿菓子やカステラには欠かせない砂糖。

きび糖

サトウキビが持つミネラル分たっぷりのまろやかな砂糖。料理全般に使用。

ビート糖（てんさい粉）

北海道てんさいから作られた砂糖。オリゴ糖を含み、やさしい甘み。

黒砂糖

サトウキビの搾り汁を煮詰めて作る黒褐色の砂糖。お菓子作りには粉砕してあるものが便利。

和三盆糖

四国で作られた粒の細かな上品な味わいの砂糖。和菓子などを作る時によく使われる。

本和香糖

和三盆よりリーズナブル。さらさらしていて使いやすい。上品な甘さに仕上がるので、和菓子にも。

洗双糖

鹿児島県の喜界島産。カルシウムが上白糖の50倍、ミネラルは20倍とも。煮物向き。

オーガニックシュガー

有機栽培のサトウキビのみを使用したもの。

宮古島の黒糖

サトウキビの汁をそのまま濃縮。甘みの中にもコクがある。ミネラルも豊富。

ラカントS

ダイエッターには有名な「らかんか」のエキスから作られた自然派甘味料。カロリーゼロ。

カソナード

フランスの有名なブラウンシュガー。はちみつやクリームの香りでキャラメリゼに合う。

メープルシュガー

メープルシロップから水分だけを取り除いて顆粒にしたもの。水分を気にせず幅広く使用できる。

ココナッツシュガー

キャラメルバニラのような風味で、優しい味わい。低GI食品。

本和香糖のスノーボール

一口サイズの愛らしいスノーボールは、
口の中に入れるとほろりと崩れて幸せな気分に。
コーヒーのおともにピッタリです。

材料（約25個分）
薄力粉…100g
アーモンドプードル…30g
本和香糖…30g
太白胡麻油…45g
クルミ…35g
塩…ひとつまみ
仕上げ用本和香糖…適量

下準備
・クルミは130度のオーブンで30分ほどローストし、
　粒の大きいものは冷めたら細かく刻む。
・薄力粉とアーモンドプードルは合わせてふるっておく。

作り方
1. ボウルに薄力粉・アーモンドプードル・本和香糖・クルミ・塩を入れ混ぜ合わせる。

2. 太白胡麻油を少しずつ加え混ぜ合わせ、生地をひとまとめにしてラップに包み、冷蔵庫で1時間ほど休ませる。

3. 生地を25等分（約10g）にして丸めて、オーブンシートを敷いた天板に並べる。170度に予熱したオーブンで15分焼き、完全に冷めたら仕上げ用の本和香糖をまぶす。

抹茶寒天と黒蜜

まろやかな苦みとふくよかな香りの抹茶寒天は、
すっきりとした甘さの黒蜜とあわせて。

材料（約12センチ角のバット・2枚分）
抹茶…8g　　　　　水…350g
グラニュー糖…70g　粉寒天…2g

作り方
1. 鍋にふるった抹茶とグラニュー糖を入れよく混ぜる。
2. ①に水、粉寒天を加え、中火にかけてかき混ぜながら溶かす。
3. ②をバット（約12センチ角・2枚分）に移し氷水にあて粗熱を取ったら、冷蔵庫で30分冷やし固める。
4. お好みの大きさに切って器に盛る。

レンジでかんたん黒蜜

材料
黒糖…100g
グラニュー糖…50g
水…100g

作り方
すべての材料を陶器などに入れて、600Wのレンジで3分加熱を2〜3回くりかえす。あくをすくったら、さらに3〜5分ほど加熱し、瓶などに移して冷蔵庫で冷やす。

Nuts

ナッツ

安眠効果のあるクルミや、ビタミンEが豊富なアーモンド…。良質の脂質やタンパク質、さらには、ビタミンやミネラル、食物繊維なども豊富なナッツは、そのまま食べても美味しいヘルシーフード！ 食べたい時にちょっとつまめる保存可能な簡単レシピから、素材を生かした美味しいおやつレシピを紹介します。食感や、特有の風味などを活かして、好みのナッツでアレンジしてみるのもいいですね。

ナッツの味をいかした食べ方

ナッツはそのまま食べても十分に美味しいもの。

植物の種として発芽するまでのエネルギーを小さなひと粒ひと粒がたくわえています。

そんなナッツの風味と栄養をそのままいかした食べ方の提案です。

ローストナッツのはちみつ漬け

ビタミンやミネラル、アミノ酸などを含むはちみつは、言わずと知れた栄養分の宝庫！
ローストしたナッツをたっぷりのはちみつに漬け込んだ、一度食べたら止まらない元気が出る一品。

材料
お好みのナッツ…適量
はちみつ…適量

下準備
・保存用の容器は瓶などを用意して煮沸消毒しておく。

作り方
1. ナッツを天板に広げて、130度に予熱したオーブンで30分ローストする。
2. 保存容器に①を入れ、はちみつをなるべく空気が入らないように少しずつ、ひたひたになるまで注ぎ入れる。1週間ほど漬け込んで完成。

ナッツのローストの仕方

1. クルミ・アーモンド・カシューナッツ…オーブンの天板に平らに広げて130〜140度で30分焼く。
2. 粒の小さなものは時間を10分短縮。大きなものは10分延長する。※オーブンによって差があるので、途中で様子を見ながらロースト加減を調整する。
3. ナッツは冷めるとカリッとします。

◆ アーモンド

ビタミンEがたっぷりのアーモンドは、抗酸化作用がありアンチエイジングにおすすめ。オレイン酸やリノール酸ともに悪玉コレステロールを減らしてくれるので、血液サラサラ効果も期待でき健康にも美容にもうれしいナッツ。

ピーカンナッツきなこ

材料
ピーカンナッツ
…100g
きな粉…20g
きび糖…50g
水…大さじ2

作り方
1. テフロン加工の小鍋にきび糖、水を入れ、弱火にかける。
2. ロースト済みのピーカンナッツを入れて、こがさないように水分をとばし煮詰める。
3. オーブンシートの上に広げて冷ましてからきな粉をまぶす。

黒糖クルミ

材料
クルミ…200g
黒糖…50g（煮詰める用）
　　　…30g（まぶす用）
水…大さじ2
塩…ひとつまみ

作り方
1. テフロン加工の小鍋に黒糖、塩、水を入れ、弱火にかける。
2. ロースト済みのクルミを入れて、表面がザラザラするまで、こがさないように水分をとばし煮詰める。
3. オーブンシートの上に広げて冷ましてから黒糖をまぶす。

生姜カシューナッツ

材料
カシューナッツ…100g
和三盆…50g（煮詰める用）
　　　…20g（まぶす用）
水…大さじ2
ショウガパウダー…小さじ1/2
※和三盆は他のものでも可

作り方
1. テフロン加工の小鍋に和三盆、水を入れ、弱火にかける。
2. カシューナッツを入れてザラザラするまでこがさないように水分をとばし煮詰める。
3. オーブンシートの上に広げて冷ましてから、和三盆とショウガパウダーをまぶす。

Nuts

雪塩アーモンド

材料
アーモンド…100g
水…大さじ1
雪塩…小さじ1/4

作り方
1. テフロン加工の小鍋に雪塩、水を入れ、弱火にかける。
2. アーモンドを入れて水分をとばし、アーモンドが白くなるまで乾煎りする。
3. バットにあげて冷ます。

ナッツをつかったレシピ

ナッツはどれを組み合わせても相性がいい。

お好みに合わせて様々な組み合わせで楽しめるレシピを集めてみました。

recipe_01

キャラメルナッツ

たっぷりのナッツに食物繊維豊富なオートミールを加えてキャラメリゼしたおやつ。
ゴロゴロ、ザクザクした食感がたまらない！

材料（18cmの角型）
お好みのナッツ（無塩のもの）…100g
グラニュー糖…40g
はちみつ…40g
無塩バター…15g
オートミール…20g

下準備
・ナッツが生の場合は、130度のオーブンで30分ほど焼いておく。

作り方
1. 鍋にグラニュー糖、はちみつ、無塩バターを入れ、弱めの中火にかけて時々ゆすりながら、全体が均一のキャラメル色の泡になったら火を止め、ナッツとオートミールを一度に加え混ぜる。
2. 型にクッキングシートを敷き、その上に①を薄く広げて冷ます。

◆ ナッツ類

ナッツは体にいい不飽和脂肪酸が多く、悪玉コレステロールを減らすオメガ3、タンパク質、ビタミン、ミネラル、食物繊維が多く含まれている食材。ナッツは食事よりもおやつの方が摂りやすい。

Gift Wrapping

ナッツなどのゴロゴロとしたお菓子は、クリスタルカップなど、しっかりめの容器に入れて。オーガンジーのリボンをすれば、キュートなプレゼントに。

recipe_02

ナッツドココア

ガリガリッとした香ばしいナッツの食感と
ココアの味がベストマッチなおやつです。

材料（30枚分）

薄力粉…10g	無塩バター…20g
無糖ココア…10g	お好みの無塩ナッツ（アーモンド、
卵白…1個分	ピーカンナッツ、カシューナッツなど）
本和香糖…60g	…150g

下準備

- ナッツが生の場合は130度のオーブンで30分ローストして粗く刻んでおく。
- 薄力粉とココアは合わせてふるっておく。
- バターは湯煎をするかレンジで加熱し溶かしておく。

作り方

1. ボウルに粉類と本和香糖を加え泡立て器でよく混ぜ合わせる。卵白を加え粉っぽさがなくなるまで混ぜ合わせる。ナッツを加えゴムベラで混ぜ合わせ、溶かしバターを加えよく混ぜ合わせる。
2. オーブンシートを敷いた天板に間隔をあけて生地をスプーンですくって落とし、直径4cmくらいに広げる。
3. 150度に予熱したオーブンで20〜25分焼く。

recipe_03

クルミとピスタチオのメレンゲクッキー

口の中でシュワーと溶けるようなメレンゲクッキー。
ピスタチオやクルミの食感が癖になる味わいです。

材料（約20個分）
卵白…1個分(約40g)　　ピスタチオ・クルミなど
粉砂糖…55g　　　　　…合わせて80g

下準備
・ナッツは130度のオーブンで30分ほどローストして、
　粒の大きいものは冷めたら細かく刻む。

作り方
1. ボウルに卵白と粉砂糖を入れ、ハンドミキサーでツノが立つまでしっかり泡立てる。ピスタチオとクルミを加え、ゴムベラで全体に混ざるようにさっくり混ぜ合わせる。
2. 天板にオーブンシートを敷き間隔をあけて生地をスプーンで落とす。100度に予熱したオーブンで100〜110分焼く。

◆ ピスタチオ

「ナッツの女王」と呼ばれているピスタチオにはミネラルやビタミンなどの栄養素がたっぷり。疲労回復効果や、貧血、便秘、眼病予防などにも効果的。

column

鮮やかなエメラルドグリーンのピスタチオ

ピスタチオには紫色の薄皮がついています。お菓子作りで使用する際には、あらかじめ湯むきの工程が必要です。沸騰したお湯に入れて15秒くらいしたら火を止めザルなどにあけ、皮をむくと簡単に剥がれます。中からは、エメラルドグリーンのきれいなピスタチオが顔を出しますよ。

Nuts

recipe_04

ココナッツサブレ

サクサクの食感が楽しめる真っ黒なアイスボックスクッキー！
後味にほんのり甘いココナッツが香ります。

材料（約40枚分）
無塩バター…110g
グラニュー糖…60g
塩…ひとつまみ

A ｜ 無糖ココア…20g
　 ｜ 薄力粉…100g
　 ｜ アーモンドプードル…40g

全卵…30g
ココナッツロング…40g
まわりにまぶすグラニュー糖…適量

下準備
・バターを常温に戻しておく。
・Aの材料を合わせてふるっておく。

作り方
1. 無塩バターをボウルに入れ泡立て器でクリーム状に練り、グラニュー糖と塩を加え白っぽくふんわりするまですり混ぜる。
2. 全卵を加えてよく混ぜる。ふるっておいたAを一度に加え、ゴムベラでさっくりと混ぜ、ココナッツロングを加え粉っぽさがなくなるまで混ぜ合わせる。
3. 生地を2等分してから、打ち粉をふった台の上に置いて直径3cmくらいの棒状にまとめる。ラップで包み冷蔵庫で2時間ほど冷やす。
4. バットなどにグラニュー糖を広げ、生地を転がして全体にまぶしつける。厚さ8mmに切り分け、天板に間隔をあけて並べ、170度に予熱したオーブンで15分ほど焼く。

◆ ココナッツロング

ココヤシの果肉を削ったものを乾燥させ、1〜2cmの紐状に細かく切ったもの。ココナッツの中鎖脂肪酸は動物性脂肪の燃焼を助けてくれ、血液をサラサラに。食物繊維が多く満腹感も得られる。

recipe_05

ココナッツミルクプリン

高い栄養価で美容面からも注目のココナッツを使った簡単スイーツ。
パウダーで作ったココナッツプリンはコクがあるのにさっぱり！
マンゴーソースと合わせると絶品です。

材料（140ccのクリスタルカップ10個分）
ココナッツミルクパウダー…50g　　牛乳…400ml
水…大さじ5　　　　　　　　　　粉ゼラチン…8g
湯…220g　　　　　　　　　　　※お好みでマンゴーピューレをかけてもおいしいです。
グラニュー糖…70g

作り方
1. 水大さじ5に粉ゼラチンを振り入れ、ふやかしておく。
2. 鍋にココナッツミルクパウダー、お湯を入れてパウダーを溶かす。
3. ②にグラニュー糖と牛乳を加えてよく混ぜ、火にかける。沸騰直前に火を止め①のゼラチンを加えて混ぜ溶かす。
4. あら熱がとれたら鍋底を氷水に当て、冷たくなるまでゴムベラなどでゆっくり混ぜる。
5. クリスタルカップに均等に分け、冷蔵庫で2時間ほど冷やして固めて出来上がり。

◆ ココナッツミルクパウダー

パウダータイプのココナッツミルク。お菓子はもちろん、さっと溶けるので、エスニック料理にもココナッツミルクの風味をオンしたい時など、使いたい量を取り出せて便利。

recipe_06

クルミとデーツのクッキー

素朴なクッキーはちょっと疲れた時に。
デーツのやさしい甘みとクルミの香ばしさがコーヒーにも紅茶にもよく合います。

材料（約60枚分）
薄力粉…45g
きび糖…25g
はちみつ…30g
太白胡麻油…40g
水…15g
クルミ…50g
デーツ…50g

下準備
・デーツとクルミは刻んでおく。

作り方
1. ボウルにデーツ・クルミ・薄力粉・きび糖を入れゴムベラで混ぜ合わせる。はちみつと太白胡麻油を加えて混ぜ合わせる。
2. 水を加えしっかり混ぜ合わせる。オーブンシートを敷いた天板に間隔をあけて生地をスプーンですくって落とし、直径5cmくらいに薄く広げる。
3. 160度に予熱したオーブンで25〜30分焼く。

◆ クルミ

ナッツ類の中でもオメガ3脂肪酸がダントツに多く含まれているクルミ。コレステロールを低下、動脈硬化を予防。1日にひと掴みのクルミを食べると健康や美容の維持向上に。

Nuts

recipe_07

ザク切りチョコとヘーゼルナッツのビスコッティ

イタリア生まれのビスコッティにザクザクチョコをたっぷり入れて。
日持ちもするからたくさん作って、瓶に詰めて保存しておけば、
急な来客でも、サッと出せて便利です。

材料（20個分）
準強力粉…130g
ベーキングパウダー…小さじ1/2
きび糖…70g
全卵1個（＋少々の水）
　　　　　…合わせて60g
無塩バター…25g
ざく切りチョコチップ…100g
ヘーゼルナッツ…100g

作り方
1. ボウルにふるった準強力粉と無塩バターをすり混ぜ合わせる。
2. ①にチョコとヘーゼルナッツを入れざっくり混ぜ合わせる。
3. ②に卵（＋水）を加え、馴染むまで混ぜ合わせる。
4. ③を半分ずつビニール袋に入れ棒状にし、冷凍庫で1～2時間冷やし固める。
5. ④を天板に並べ、160度のオーブンで30分焼く。
6. 焼き上がったら冷まして1～2cm幅にカット。
7. 切り口を上にして天板に並べ、再び120度に予熱したオーブンで50分、カリカリになるまで焼けば出来上がり。

◆ ヘーゼルナッツ

殻付きのヘーゼルナッツはドングリや栗のよう。オレイン酸とビタミンEが豊富で美容、健康におすすめ。血行をよくしてくれるのでお肌に栄養素が行きわたり、色白効果もあり、乾燥や刺激からもお肌を守る。

recipe_08

アーモンドミルクのブランマンジェ

アーモンドの香りがやさしく、コクのあるまろやかな舌触り。アーモンドミルクは栄養価が高く、コレステロールゼロなのが嬉しい食材です。

材料（140ccのクリスタルカップ4個分）
アーモンドミルク…300g
砂糖…45g
粉ゼラチン…5g
水…30g

作り方
1. 粉ゼラチンをの水にふり入れてふやかしておく。
2. 鍋にアーモンドミルクと砂糖を入れて火にかけ溶かす。沸騰直前に火を止め、①を加えて溶かす。
3. 鍋の底を氷水にあて、ゴムベラで混ぜながら冷ます。少しとろみがついてきたら、型に流し入れ冷蔵庫で冷やし固める。

◆ **アーモンドミルク**

アーモンドからとれるミルクで、豆乳のようにドリンクとしても摂ることができる。ビタミンEがたっぷりのアーモンドが液体になっているので、さまざまなお菓子に活用できる。

recipe_09

クルミゆべし

ふんわりやさしい甘さが口の中で広がる素朴なおやつ。くるみの香ばしさともっちり食感は、ふと食べたくなる懐かしの味です。

材料（5cm角約12枚分）

白玉粉…100g	宮古島の黒糖…80g
クルミ…50g	醤油…小さじ2
水…140g	きな粉…適量

下準備
・クルミは130度のオーブンで30分ほどローストして、粒の大きいものは冷めたら細かく刻む。

作り方
1. 耐熱ボウルに白玉粉・宮古島の黒糖・醤油・水を入れよくかき混ぜる。
2. ①にラップをしてレンジで2分30秒加熱し、レンジから取り出しムラがなくなるまでよく混ぜ合わせる。クルミを加え混ぜ合わせ、ラップをして再びレンジで2分～2分30秒加熱。レンジから取り出し、よくかき混ぜ合わせる。
3. バットなどにきな粉を広げ、②を取り出す。
4. 全体にきな粉をまぶし、生地をのばして冷やし固める（加熱後はとても熱いので少し冷ましてからのばしてもOK）。完全に冷めたら、お好みの大きさにカットする。

Nuts

recipe_10

クルミのケーキ

たっぷりのクルミとピーカンナッツを上にのせた大人のケーキ。
しっとりとした生地と、ナッツの香ばしさ。
コーヒーと一緒に味わってほしい一品です。

材料（底が抜ける直径15cm丸型1台）
※生地用
薄力粉…15g
本和香糖…55g
アーモンドプードル…65g
全卵…75g
無塩バター…65g

※トッピング用
クルミ…50g
ピーカンナッツ…20g
本和香糖…20g
無塩バター…20g

下準備
・バターは生地用・トッピング用とにそれぞれ分けて
　湯せんかレンジで溶かしておく。
・型にオーブンシートを敷いておく。
　トッピング用のナッツは130度で30分ローストしておく。

作り方
1. ボウルにアーモンドプードル・薄力粉・本和香糖を入れ泡立て器でよく混ぜ合わせる。
2. 溶いた全卵を一度に加え、粉っぽさがなくなるまで混ぜ合わせる。溶かしたバターを少しずつ加え、バターが完全になじむまで混ぜ合わせ、生地を型に流し込む。
3. ボウルにクルミとピーカンナッツ、本和香糖を入れ混ぜ合わせ、溶かしバターを加え混ぜ合わせる。
4. トッピングを②の生地全体に散らして、180度に予熱したオーブンで20〜25分焼く。

◆ ピーカンナッツ

クルミにも似た見た目のピーカンナッツ。必須脂肪酸と言われるオメガ3が多く含まれており、不飽和脂肪酸に優れている。ビタミン、ミネラルもバランスよく入っており、抗酸化作用によりアンチエイジングにも期待できる。

〜油脂のおはなし〜

パンやケーキの生地にねり込んだり、パウンドケーキやココナッツクッキーなどのお菓子では、味の決め手となるのが油脂類。他にもバターやサラダ油などを塗り型から外しやすくしたり、焼きたてのパンにバターを擦りつけてツヤや香りを出すのに使ったりと、さまざまな役割を果たします。バターの高騰化の影響もありましたが、トランス脂肪酸、オメガ3など、摂取する油脂によっても健康に影響があることも話題となり、α-リノレン酸が豊富なアマニ油や、香りを邪魔しない太白胡麻油などで代用して作るのもおすすめです。風味や食感など、作りたいお菓子に合わせて油を選んでみてもいいかもしれませんね。

〈植物性油脂〉

◆ マーガリン

酸化しにくく、ホイップするとクリーム状になりサクサクと軽い食感に。バターより香りが少ないので、素材の香りを生かしたい場合に使用するのがおすすめ。最近は、低トランス脂肪酸のものも出回っています。

◆ サラダ油

基本的に、サラダ用ドレッシングとして使用されることを前提として作られた食用油。低温でも凝固しないサラサラ感が特徴で、使い勝手の良さからお菓子作りにもよく用いられます。

◆ 太白胡麻油

白ごまを焙煎して搾油。焙煎の強弱で風味や色などが変化し、中華料理などに使われるものは200℃以上の高温で焙煎したもの。透明なごま油はほとんど焙煎していないごまから抽出したもので、ごま油特有の香ばしい風味はないがごまの旨みが凝縮され深い味わいになります。

Oils and Fats

◆ オリーブオイル

お料理などにも使いやすく、オレイン酸が豊富なので抗酸化作用があり、ビタミンEも豊富なので健康面でもおすすめ。

◆ ココナッツオイル

動脈硬化予防、コレステロール値を下げるなどの健康効果と共に、抗酸化作用により美肌や美白など、お肌に嬉しい効果も。
ココナッツの香りを生かしたいお菓子におすすめです。

◆ グレープシードオイル

コレステロール0%、抗酸化作用があるビタミンEを多く含んでいる、酸化しにくいオイル。
ビタミンEはオリーブオイルの2倍と言われています。

◆ アマニ油

亜麻仁の実からできた油。
α-リノレン酸がアレルギー緩和や血液をサラサラにしたりと健康や美容面でさまざまな
効果を発揮。熱に弱いのでドレッシングなど加熱せずに使うのがおすすめ。

〈 動物性油脂 〉

◆ バター

風味がよく、お菓子作りには欠かせないバター。
コレステロールなどが気にされていますが原料は牛乳なので消化もよくビタミンA、D、Bなどが含まれています。

◆ ラード

豚脂。ちんすこうやサーターアンダーギーなどにも使われる。
バターよりもコレステロールが低い。

型抜きサブレ

シンプルな材料のクッキーは、
粉やバターの風味が味わえます。
かわいい型抜きでクッキー作りを楽しんで。

材料（直径4〜5cmの抜き型約30枚）
薄力粉…175g　　　全卵…20g
無塩バター…100g　塩…ひとつまみ
粉砂糖…70g　　　打ち粉用強力粉…適量

下準備
・バター・全卵は室温にもどしておく。
・薄力粉はふるっておく。

作り方
1. ボウルにバターを入れ泡立て器でクリーム状に練り、粉砂糖と塩を加え白っぽくなるまで混ぜ合わせる。溶いた全卵を加えよく混ぜ合わせる。
2. 薄力粉を一度に加え、ゴムベラで切るようにさっくりと混ぜ合わせる。生地をひとまとめにしてラップで包み、厚さ3〜4cmにして冷蔵庫で一晩休ませる。
3. 台に打ち粉をふって休ませた生地をのせ、めん棒と生地にも打ち粉をしながら厚さ5mmくらいに伸ばし、好みの型で抜きオーブンシートを敷いた天板に間隔をあけて並べる。生地が柔らかくて型抜きしにくい場合は、伸ばした生地を冷蔵庫で冷やすと抜きやすい。
4. 170度に予熱したオーブンで15〜18分焼く。

ココナッツオイルアイス

パリパリの食感を楽しめる、
ワンランク上のデザート。
ココナッツの香りが広がり南国気分。

材料
市販のバニラアイス…適量
ココナッツオイル…大さじ1
ココナッツロング（トッピング用）…適量
ドライフルーツのラム酒漬け（P10参照）…適量

作り方
1. 市販のバニラアイスを器にのせ、ココナッツオイルをかける。
2. ココナッツロングをトッピングし、お好みでドライフルーツのラム酒漬けを添えて出来上がり。

◆ **ココナッツオイル**

ココナッツオイルは凝固点が高いため、アイスにかけるだけでチョコレートのようなパリパリの食感に。豊富に含まれる飽和脂肪酸は20℃以下になると固まってしまうので、冬場は室内でも固まってしまうことも。固まっても品質に問題はないので、湯煎で温めて液体に戻して使用して。

Oils and Fats

ディップアレンジ

バターやクリームチーズなどは、
そのままパンに塗ってもおいしいけれど、
ほんのひと手間加えるだけで、
こんなにいろんなディップがつくれます。

Dip Arrange

クリームチーズのディップアレンジ

水分が多くなめらかなクリームチーズはどんなものとでも合わせやすい食材。作りおきせず、その場で使う分だけ作っても手間がかかりません。

> ※エルブドプロバンスには、セイジ、タイム、フェンネル、ローズマリーなどのハーブがブレンドされている。
>
> ※クウォーターペッパーには、ホワイトペッパー、ブラックペッパー、ピンクペッパー、グリーンペッパーなど色とりどりのペッパーが入っている。

ハーブ入りディップ

材料
クリームチーズ…50g
エルブドプロバンス…3g
クウォーターペッパー…つぶして適量
塩…少々

作り方
1. クリームチーズを混ぜて柔らかくする。
2. 材料を入れ混ぜる。
3. 容器に入れて冷やし固める。

ブルーベリーディップ

材料
クリームチーズ…50g
ブルーベリージャム…大さじ2
ドライブルーベリー…適量

作り方
1. クリームチーズをよく混ぜて柔らかくする。
2. ジャムを加えヘラでよく混ぜる。
3. 容器に入れて冷やし固める。

マーマレードディップ

材料
クリームチーズ…50g
ニューサマーオレンジジャム…大さじ2

作り方
1. クリームチーズをよく混ぜて柔らかくする。
2. ジャムを加えヘラでよく混ぜる。
3. 容器に入れて冷やし固める。

Dip Arrange

バターのディップスティックアレンジ

無塩バターにひと手間加えたアレンジレシピ。
バターは室温にすぐ馴染むため、夏場はスティックにして冷やしておくと便利。
レーズンなどのドライフルーツを入れるのもおすすめ。
ナッツやフルーツなど、個体の素材を混ぜる場合はポマードすると上手くいきます。

＋きなこ

材料
無塩バター…50g　　きな粉…大さじ3
はちみつ…大さじ2

作り方
1. 無塩バターを室温に戻し、ハンドミキサーでよく混ぜクリーム状にする。
2. はちみつを入れ、ハンドミキサーでさらに混ぜる。
3. きな粉を入れ、ヘラでよく混ぜる。
4. 耐油性のオーブンシートにおき、筒状に巻いたら冷蔵庫で冷やして出来上がり。

＋メープルシュガー

材料
無塩バター…50g
メープルシュガー…大さじ3
はちみつ…大さじ2

作り方
1. 無塩バターを室温に戻し、ハンドミキサーでよく混ぜクリーム状にする。
2. メープルシュガーを入れ、ハンドミキサーでさらに混ぜる。
3. 耐油性のオーブンシートにおき、筒状に巻いたら冷蔵庫で冷やして出来上がり。

ポマードする

バターはクリーム状にする事をポマード状にするとも言います。常温で少し柔らかくなったバターをハンドミキサーなどでしっかりと空気を含ませながら混ぜるとクリーム化します。ちょっとしたひと手間でバターの香りも別格です。お菓子なども溶かしバターではなく、ポマードしたものを使うと、クッキーならホロホロとした食感が楽しめます。

ディップスティックの巻き方

冷やして筒状になったバターディップは、英字などが印字されたグラシンシートなどでキャンディー巻きをすればオシャレです。
※バターは手のあたたかさで柔らかくなってしまうので、素早く巻くのがコツ。

Dip Arrange

ごまペーストのディップアレンジ

ごまペーストはそのままでも香ばしく、セサミンなどの栄養もたっぷり。
フレーバーを少し加えると、意外なおいしさ発見です。

＋マーマレード

材料
無糖ごまペースト…50g
ニューサマーオレンジジャム…大さじ2

＋ココア

材料
無糖ごまペースト…50g
ココア…大さじ2

＋はちみつ＆きな粉

材料
無糖ごまペースト…50g
はちみつ…大さじ3
きな粉…大さじ1

作り方
1. 材料をよく混ぜ合わせる。
2. お好きな器に入れて出来上がり。

無糖ごまペーストについて

市販されているごまのペーストには有糖のものと無糖のものが。無糖なら自分の好みの甘さに加減が出来て使いやすい。また、ほうれん草のごま和えなど、お料理などにも幅広く活用できて便利。

Millet

雑穀

ミネラル、ビタミン、食物繊維などが豊富な雑穀は、今やスーパーフードとしても注目されています。食事として摂ることの多い雑穀ですが、おやつなどで美味しく食べて健康的に美しくなれたら嬉しいですよね。雑穀自体の、素朴でシンプルな味わいを活かした、何度も繰り返し作りたくなるレシピを揃えて紹介しています。

～雑穀のおはなし～

ミネラルや食物繊維も豊富で栄養価も高く嬉しいことがたくさん！

ヘルシーさと栄養価の高さから、白米に混ぜるなど日々の生活に取り入れている人も多い雑穀類。食事の一部として考えられることの多い雑穀ですが、お菓子やパンなどに入れても、歯ごたえも楽しめて満腹感も得られる嬉しいおやつに。ちょっと素朴な味わいも、アレンジすれば美味しく食べられます。カロリー自体は白米とそれほど変わりませんが、含まれている栄養素を考えれば、毎日の食事やおやつに取り入れて積極的に摂取したい素材です。

雑穀の嬉しいメリット

1 お肌にも嬉しい
ビタミンB群、ビタミンEは、細胞をつくるのに欠かせない栄養素。お肌の調子を整えてくれる効果とともに、神経の働きを正常にしてくれるのでストレスに対しても働きかけてくれます。

2 食物繊維が豊富
善玉菌を活発にして、腸内を刺激してくれる食物繊維は腸内環境を整える効果あり。便秘の改善、デトックス効果なども。

3 ミネラルたっぷり
免疫力を高め、血糖値の上昇を抑えてくれます。また、肉体疲労の解消効果などもあります。

4 アンチエイジング
ビタミンEには抗酸化作用があり、細胞の酸化を防いでくれるので、老化防止効果あり。また、黒豆や赤豆などにはアントシアニン、ポリフェノールなどが豊富で眼精疲労や動脈硬化、がん予防や生活習慣病などにも。

5 ダイエット効果
豊富な食物繊維が腸内環境を整えお通じを良くしてくれるのと同時に、適度な歯ごたえが満腹中枢を刺激して、少量でも満足感を得られるので食事の量を減らすことができます。

取り入れる前に知っておきたいこと

●浸す、または乾煎りをする
そのまま使用できるものが多いですが、雑穀には発芽毒や種子毒などがあると言われています。夏場は半日程度、冬場は1日水に浸しておくと無毒化でき、またもっちりとした食感になり食べやすくなります。用途や好みにもよりますが、乾煎りするより水に浸した方がお菓子などには向いています。

●よく噛むことが大事
噛まずに飲み込んでしまうと、せっかくの栄養素がそのまま排出されてしまいます。雑穀そのものは消化吸収しにくいのでしっかり噛んで食べてください。雑穀は歯ごたえがあるので、それだけで満腹感を得られます。

●アレルギー
人によってはアレルギー反応が出る場合もあるので食物アレルギーのある場合は原材料をしっかり確認しましょう。

雑穀をつかったレシピ

いつものレシピに雑穀を加えれば、
低カロリーかつ栄養たっぷり、一石二鳥のおやつに早変わり。
美味しく、食べやすい雑穀レシピを紹介します。

Millet

recipe_01

雑穀パウンドケーキ

お好みでアプリコットを塗ったり、ドライフルーツやスパイスを飾っても可愛く仕上がります。

材料（17.5×6.5cmパウンド型2台）
薄力粉…150g
ベーキングパウダー…7g
太白胡麻油…120g
きび糖…120g
全卵…3個（約180g）
雑穀ミックス…45g
クルミ（刻み）…45g
いちじく（刻み）…45g
レーズン…45g

下準備
・全卵は室温にもどしておく。
・薄力粉とベーキングパウダーは合わせてふるっておく。

作り方

1. ボウルにふるった薄力粉とベーキングパウダー、きび糖を入れ、油を少しずつ加えながらよく混ぜる。
2. 卵を加え、粉っぽさがなくなるまで混ぜ合わせたら雑穀ミックス、クルミ、いちじく、レーズンを加え混ぜ合わせる。
3. 生地をパウンド型に流し込み、180度に予熱したオーブンで40〜45分焼く。

◆ 雑穀ミックス

その名の通り、さまざまな雑穀がミックスされたもの。写真は焙煎大麦、黒豆、発芽玄米のグリッツとゴマ。粗挽きのタイプもあれば粉状のものもあり、食物繊維からミネラルなどまとめて多くの食材の栄養素をとれるのがメリット。味も香ばしくなる。

◆ 焙煎大麦粉

大麦を焙煎して粉にしたもの。デンプンが主要で、タンパク質、カルシウム、繊維質が包囲。グルテンを含まないため小麦アレルギーでも大麦が食べられるケースもあり、代用が考えられる。

recipe_02

焙煎大麦粉のスノーボール

いつものクッキーの小麦粉の一部を大麦に置き換えるとしっとりホロホロのクッキーが出来上がります。クッキーのバリエーションが広がります。

材料（約30個）

大麦粉…30g
薄力粉…130g
無塩バター…120g
アーモンドプードル… 50g
きび糖… 大さじ2
ゲラントの塩 …少々
粉砂糖 …50〜60g

作り方

1. ボウルにふるった大麦粉、薄力粉、きび糖、アーモンドプードル、ゲラントの塩（お好み）と常温に戻した無塩バターを入れて、すり混ぜる。

2. ①がそぼろ状になったら ひとかたまりにまとめていく。

3. 生地がまとまったら ひとくち大に丸めてオーブンシートを敷いた天板に並べていく。

4. 170度に予熱したオーブンで約25分焼く。

5. 天板のまま取り出して冷ます（熱いうちは崩れやすいので触らない）。

6. 冷めたら粉砂糖をまぶして出来上がり。

※大麦粉と薄力粉の割合はお好みで変えてもOK。

recipe_03

もち大麦粉どら焼き

どら焼きの薄力粉の一部をもち大麦粉に切り替えたら、しっとりもちもちの生地がふんわり美味しい。

材料（直径6cm　10個分）

薄力粉…100g	みりん…大さじ1
もち大麦粉…70g	はちみつ…大さじ1
水…100g	太白胡麻油…小さじ1
卵…3個	無塩バター…適量
砂糖…50g	つぶあん…適量
ベーキングパウダー…小さじ1	（作り方P88・89参照）

作り方

1. 薄力粉とベーキングパウダー、もち大麦粉を合わせてふるっておく。
2. ボウルに①と水を加えゴムベラでよく混ぜる。
3. 別のボウルにほかの材料を合わせ入れ、よく混ぜる。
4. ②と③を合わせて、泡立て器でよく混ぜる。ボウルにラップをして15分以上寝かせる。
5. テフロンのフライパンを中火にかけ、6cmほどの大きさに丸く生地を落とす。
6. 表面に気泡がプツプツ浮き出てきたら、裏返してさらに20秒程度焼けば、どら焼き皮の出来上がり。
7. 焼き上がった生地につぶあんをサンドして完成。

※お好みで生地の裏面にバターを薄く塗ると風味が出ます。

◆ もち大麦粉

お菓子の生地に使うと、もっちり、弾力のある食感に仕上がる。そのまま水を加えれば餅や団子にも。大麦なので食物繊維も多く、膨らみ過ぎず、クレープなどの生地にもおすすめ。

Millet

recipe_04

ソイバー

最近注目されている高タンパクで低糖質なお菓子。
小麦粉の代わりに大豆粉を使っているからヘルシー。
ナッツやドライフルーツで自分好みにアレンジを。

材料（8個分）
生アーモンドホール …60g
薄力粉…30g
ブラウンシュガー…25g
塩…少々
5色フルーツミックス…80g
かぼちゃの種…20g
大豆粉…50g
水…50g

下準備
・ナッツは130度に予熱したオーブンで30分ほどローストし、粗熱がとれたら軽く刻む。

作り方
1. ボウルにナッツと薄力粉、ブラウンシュガー、5色フルーツミックス、かぼちゃの種、塩を入れて混ぜ合わせる。
2. 別のボウルに大豆粉と水を入れて混ぜ合わせる。
3. ①のボウルに②を合わせ、ひとまとめにする。うまくまとまらない場合は水を少量足す。
4. 厚さ1cmほどの四角に整え、8つにカットし、オーブンシートを敷いた天板に並べて、170度に予熱したオーブンで20〜30分焼く。

column

タンパク質たっぷり

生の大豆を粉にした大豆粉は、糖質をカットしながらタンパク質をたっぷり摂れる嬉しい食材。でも、いくら体に良くても美味しくなければ続きません。大豆粉の美味しい食べ方を探そうと思って作り出したのがソイバー。コンビニの健康食品コーナーに一時期ハマったことがあり、あんな味もこんな味もできちゃう、家でも作れそう！ と思い考えてみたレシピです。きな粉とはまた違った風味の大豆粉に、ドライフルーツの風味や甘味が程よくマッチ。ぜひ繰り返し作ってみてほしいレシピです。

◆ 大豆粉

大豆粉とは大豆を生のまま粉砕して、加熱せずに粉にしたもの。きな粉は大豆を炒って粉にしている状態。小麦粉よりも糖質がずっと少なく、タンパク質や大豆イソフラボン、食物繊維、カルシウムなどが豊富。

recipe_05

アマニのショートブレッド

必須脂肪酸のα-リノレン酸が豊富なアマニを使ったショートブレッド。
ローストしたアマニの香ばしさと、食物繊維もそのまま摂れる身体に嬉しいおやつです。

材料（10本分）
薄力粉…150g
ローストアマニ…15g
有塩バター…100g
本和香糖…50g

下準備
・薄力粉はふるっておく。
・バターは室温に戻しておく。

作り方

1. ボウルにバターを入れ泡立て器でクリーム状に練り、本和香糖を加えて白っぽくなるまで混ぜ合わせる。

2. 薄力粉とアマニを加えて、ゴムベラでさっくりと混ぜ合わせてそぼろ状にする。生地をひとかたまりにして、幅8cm、厚さ1cmの長方形に整え冷蔵庫で30分以上休ませる。

3. 冷やした生地を8cm幅の棒状になるようにカットして、表面に竹串などで穴をあける。

4. オーブンシートを敷いた天板に生地を並べて、160度に予熱したオーブンで30〜35分焼く。

◆ アマニ

ゴマに似た食品で、アマニを絞った油が有名。体内では作れない必須脂肪酸オメガ3脂肪酸α-リノレン酸を含み、ポリフェノールの一種のリグレン、食物繊維も豊富でさまざまな方面で注目されている食材。

Millet

recipe_06

自家製グラノーラ

朝食でおなじみのグラノーラ。
そのままカリカリつまめば、おいしいおやつに。
牛乳やヨーグルトを添えれば、栄養も満点！
保存はかわいい空き瓶などに。朝の食卓が楽しくなりますよ。

材料（約10人分）

オートミール…150g
ライフレーク…50g
アーモンドスライス…100g
カボチャの種…25g

ヒマワリの種…25g
小麦全粒粉…大さじ2
きび糖…50g

太白胡麻油
またはオリーブオイル…大さじ2
はちみつ…50〜100g
卵白…2個分

作り方

1. 太白胡麻油またはオリーブオイル、はちみつ、卵白以外の材料をボウルに入れさっくりまぜ合わせる。
2. ①に油を入れ 手でやさしくすり合わせる。
3. ②にはちみつ、卵白を加えて 手でやさしくすり合わせる。
4. 2枚の天板にオーブンシートを敷き、③を2等分して全面に広げる。
5. 150度に予熱したオーブンで約20分焼いたら、一度フライ返しなどで全体を混ぜ合わせ、さらに5分ほど香ばしく焼き出来上がり。

◆ オートミール

カンパーニュの表面などに張り付けて焼くパン用素材のオートミールやライフレークは、ビタミン、ミネラル、食物繊維が豊富。自家製グラノーラや自然派クッキー素材としても大活躍してくれる。

◆ 黒ごま、白ごま

不飽和脂肪酸であるリノール酸は悪玉コレステロールを排出すると言われ、オレイン酸は便秘予防にも。ビタミンB群、ミネラル豊富で風味をプラスする意味でも使える。白か黒かで栄養素にあまり差はない。

recipe_07

ごまたっぷりチュイール

香ばしいごまがたっぷりのチュイールはいかが。薄くてサクサク、食べ始めたら止まらない魅力のおやつです。

材料（約30枚分）
本和香糖…60g　　太白胡麻油…20g
卵白…1個分　　　白ごま…50g
薄力粉…15g　　　黒ごま…50g

下準備
・薄力粉はふるっておく。

作り方
1. ボウルに本和香糖と卵白を入れ、泡立て器で卵白のコシを切るように混ぜ合わせる。
2. 薄力粉・太白胡麻油の順に加えその都度全体が混ざるようによく混ぜ合わせる。ごまを一度に加えてヘラなどで混ぜ合わせる。
3. オーブンシートを敷いた天板に生地をスプーンですくって落とし、5cmくらいの円形に薄く広げる。
4. 170度に予熱したオーブンで15〜18分焼く。

※焼きたては柔らかいですが、完全に冷めるとパリッとします。

recipe_08

シードミックスクッキー

さっくりクッキーに、ザクザクした食感のシードミックスが癖になりそう。

材料（4cmの抜型約30枚分）
- 薄力粉…70g
- 焙煎玄米粉…50g
- 本和香糖…40g
- 無塩バター…100g
- シードミックス…20g

下準備
・焙煎玄米粉と薄力粉は合わせてふるっておく。
・バターは室温に戻しておく。

作り方
1. ボウルに無塩バターを入れて、泡立て器でクリーム状に練り、本和香糖を加えすり混ぜる。
2. ふるった粉を入れてよく混ぜ、シードミックスを加えて、まんべんなく混ざったら、生地をひとまとめにしてラップでくるんで、冷蔵庫で1時間ほど休ませる。
3. 生地を厚さ5mm位まで伸ばし(生地がべたつく場合は打ち粉をする)お好みの型で抜き、オーブンシートを敷いた天板に間隔をあけて並べる。
4. 170度に予熱したオーブンで15分焼く。

◆ シードミックス

オーツ麦フレーク、ヒマワリの種、ごま、アマニなどをミックスしたもの。多くの種の栄養素が一度にまとめて摂れるのが嬉しい。ザクザクした食感で、パンのトッピングやスコーンなどに練りこんでも美味しい。

◆ ポピーシード

別名けしの実。カルシウムと鉄分が豊富で、わずか10mgでカルシウムが150mg以上も摂取できる。パンの上に少しかけて焼いても香ばしい。写真はトルコ産のブルーポピーシード。

recipe_09

マロングラッセとポピーシードのシフォンケーキ

ポピーシードがアクセントになったふんわり、しっとりのシフォンケーキ。
紅茶と一緒に食べるのがおすすめ。

材料（シフォン型17cm1台分）
薄力粉…80g
卵黄…3個分
本和香糖(卵黄用)…40g
水…55g
太白胡麻油…35g
卵白…4個分
本和香糖(卵白用)…40g
ブルーポピーシード…50g
マロングラッセ…100g

下準備
・薄力粉はふるっておく
・マロングラッセは粒が大きいものは軽く刻み、分量外の薄力粉を少々まぶしておく。

作り方

1. ボウルに卵黄と本和香糖40gを入れて泡立て器で、白っぽくなるまで混ぜ合わせる。水、太白胡麻油をそれぞれ少しずつ加えその都度よくかき混ぜる。薄力粉を一度に加え粉っぽさがなくなるまで混ぜ、さらにポピーシードを加え全体に混ざるように混ぜる。

2. 別のボウルに卵白を入れて、卵白用の本和香糖を2回に分けて加えながらハンドミキサーの高速で、つやのあるメレンゲを作る。（すくった時にメレンゲの先が少しおじぎするくらいの硬さが目安。）

3. ①のボウルに②のメレンゲをひとすくい加えて、泡立て器でしっかりと混ぜておく。混ぜ合わせた生地をメレンゲに一度に加え、ゴムベラに持ち替えて底からすくうように混ぜ合わせる。メレンゲの白い筋が見えなくなるまで手早く混ぜる。マロングラッセも加え全体に散らすように混ぜる。

4. 型に生地を流し込み、170度に予熱したオーブンで30分焼く。焼き上がったらすぐに型に入れたまま逆さにして冷ます。

column

ポピーシードは意外と便利

ポピーシードはあんパンの上にパラパラとふりかけてある、あの小さな粒々です。ローストするとナッツのような香ばしい香りが引き立ちます。白身のお魚にパラッとさせて焼いたり、サラダのトッピングにしてもOK！ パンやケーキの生地に練り込むとブツブツとした食感が楽しい素材です。

recipe_10

焙煎玄米クッキー

カリッと香ばしい硬めの食感。噛みしめるほどに味わい深く、大人にも子どもにも食べて欲しいクッキーです。

材料（直径4cmの抜き型約30枚分）
焙煎玄米粉…50g　　　本和香糖…40g
薄力粉…70g　　　　　無塩バター…100g

下準備
・焙煎玄米粉と薄力粉は合わせてふるっておく。
・バターは室温にもどしておく。

作り方
1. ボウルにバターを入れ泡立て器でクリーム状に練り、本和香糖を加えすり混ぜ合わせる。
2. 粉類を一度に加えよく練り混ぜ、生地がひとまとまりになったらラップで包んで冷蔵庫で1時間ほど休ませる。
3. 生地を厚さ5mmの厚さに伸ばし(生地がべたつく場合は打ち粉をする)、お好みの型で抜きオーブンシートを敷いた天板に間隔をあけて並べる。
4. 170度に予熱したオーブンで15分焼く。

◆ 焙煎玄米粉

玄米を長時間焙煎して粉にしたもの。食物繊維がデトックスに最適。ビタミン、ミネラル、抗酸化成分が豊富で、グルテンを含まないため小麦アレルギーにも対応できる。

recipe_11

甘酒シャーベット

甘酒をお菓子のシリコン型にそのまま流しこんで冷凍庫で凍らせたら甘酒シャーベットの出来上がり。暑い夏におすすめの栄養たっぷりのデザートです。

材料
玄米甘酒…適量
お好みの製氷皿（シリコン型も可）

作り方
1. 玄米甘酒をよく振って製氷皿に入れる。
2. 冷凍庫に入れて凍らせて出来上がり。

◆ 玄米甘酒

夏の季語にもなっている甘酒は、夏バテ防止にピッタリ。飲む点滴とも言われ、ビタミンB群、アミノ酸、オリゴ糖、葉酸、食物繊維など栄養素も豊富な発酵食品。砂糖の代わりに使うこともできる。

recipe_12

小豆の炊き方

ストーブと小豆を煮る香りが漂うと季節を感じます。いろいろな作り方がありますが、ここでは母から聞いたぜんざいの作り方とコツをレシピにしてみました。

材料

小豆…250g
ざらめ…200〜250g
塩…少々

◆ 小豆

中国の薬学にも古来から登場するデトックス効果の高い食材。タンパク質と食物繊維、ビタミンB群にカリウム、サポニン、鉄分とバランス良く含まれ、疲労回復やむくみにも適している。

作り方

1. 大きめの鍋に洗った小豆とひたひたの水を加えて火にかける。2〜3分沸騰したら火を止めてそのままひと晩おく(こうすると短時間でふっくら煮上がる)。

3. 鍋に小豆を戻し多めに水を加え(途中何度も水を差さない方が良い)、強火にかけ沸騰したら弱火にして1時間ほど食べてみてやわらかくなるまでコトコト煮る。

2. ①をざるにあけてゆで汁を捨て、軽く洗う。

4. ざらめを加え煮溶けたら塩を少々加え、ひと煮立ちしたら出来上がり。

recipe_13

豆腐の白玉だんご

お豆腐入りの白玉だんごは、もちもちの食感。
次の日もやわらかく、美味しくいただけます。

材料

白玉粉…150g　　　　　　お好みの餡や黒みつなど…適宜
絹豆腐…150〜180g

作り方（3〜4人分）

1. ボウルに白玉粉と豆腐を入れる。
2. ①の豆腐を手でくずしながら白玉粉を少しずつねりこねる。耳たぶくらいの柔らかさ（水分は加減する）にしてまとめる。
3. ②を細長に伸ばし小さく手でちぎって丸めおだんごにする。
4. 沸騰した湯に入れ浮き上がってから1分〜1分半ゆでて網ですくい、氷水に取る。冷めたら水気を切り、好みの餡や黒みつを添えて出来上がり。

◆ 白玉粉

主成分は炭水化物なので、すぐにエネルギーとなり活動的になる。その他、良質なタンパク質、マグネシウム、リン、亜鉛、マンガンなど。消化もいいので胃腸に負担を与えず、冷え防止にも。

recipe_14

濃い抹茶アイスクリーム

夏が近づいたら作りたくなるのがこのアイスクリーム。かき氷にのせても、白玉と一緒に食べても美味しい。

材料
卵黄…3個分
ビートグラニュー糖…80g
生クリーム…200ml
牛乳…50ml
抹茶…20g
ゆであずき…適量
※小豆の炊き方P89参照

下準備
・抹茶をふるっておく。

作り方
1. ボウルに卵黄とビートグラニュー糖を入れ、ハンドミキサーで白くもったりするまで泡立てる。
2. 別のボウルに生クリームと抹茶を入れ、ボウルの底に氷水をあてながら7分立てに泡立てる。
3. ①に②に加えて泡立て器でよく混ぜ合わせ、ラップをかけて冷凍庫に入れる。
4. 表面が固まりかけたらハンドミキサーでよく混ぜ、再び冷凍庫に入れる。これを2〜3回繰り返し、なめらかになったらバットに流し入れて冷凍庫で完全に冷やし固める。

◆ 抹茶

風邪や肌の修復にも効果があると言われるカテキン、サポニン、テアニン、アミノ酸、ビタミンC、A、B群、E、カルシウム、フラノボイド、ポリフェノールなど健康効果がたっぷり。

～お塩のおはなし～

たった1パーセントの塩の役割！

　パンはもちろん、タルト生地やフォカッチャ、パイなど、お菓子作りにも欠かせない存在の塩。スイカに塩をかけたり、甘めの卵焼きでも少量の塩を入れたりと、塩は普段の生活の中でも甘味を引き出し、旨みを際立たせる役割を果たしてくれます。

　パン作りには「ベーカーズパーセント」といって、塩の割合は、粉の重量に対して1％程がちょうどいいと言われています。塩のまったく入っていないパンは、味気がありません。ほんの少量の塩ですが、選ぶ塩の種類によって味や仕上がりには格段に違いが出てきます。また、塩は味だけでなく、グルテンに働きかけ生地にハリを与えたり、パン生地の中の雑菌の増殖を抑制する役割も担っています。かと言って、塩が多すぎるとイースト菌の働きが抑制されてしまい発酵しにくくなってしまいます。ベーカーズパーセント（1％）のバランスが大切なのですね。

　また、塩気の強さや形状によって、中に混ぜ込んだり、上へ少しかけてみたりと用途別に選ぶことも大切。最近は、塩を使ったお菓子も多くあるので、塩の特徴などを覚えれば、レシピの幅もぐっと広がります。

精製塩 [せいせいえん]

一般的な食塩。にがりなどの不純物を取り除き、99％以上が塩化ナトリウムの高純度の塩。塩味が強く、不純物が取り除かれているため真っ白。使いやすい形状の塩、混ぜ込むのに最適。

海塩（天然塩）[かいえん]

原材料は、海から汲み上げられた海水。水分を取り除くことで塩分を濃縮した塩。一切の添加物や加工助剤を加えていない、海水中の塩類を結晶化したもの。ミネラルやカルシウムなどが含まれたまろやかさも感じる味わい。粒子が細かいものは中に混ぜ込んだり、粒感のあるものは上にかけても。おすすめは「南の極み」、「フルール・ド・セル（塩の花）」、「セル・ゲランド」。

岩塩 [がんえん]

地殻変動などで海水が閉じ込められ、水分が蒸発して結晶化してできたもの。地中深くから掘り出した塩。きれいな岩塩はミルなどで挽いて使うことも。粒々感が食感のアクセントになるので、仕上がりにちょっぴり乗せてトッピングなどに。おすすめは「アルペンザルツ岩塩」。

◆ 雪塩

サンゴが育つ宮古島の美しい海水から作られた雪塩。海水の成分そのままに、マグネシウムなどのミネラル分を多く含んでおり、パウダースノーのようなさらさらした形状と、素材の旨みを引き出すまろやかな塩味が特徴。溶けやすくまぶしやすいので、パンにもお菓子にも使えそう。

雪塩でつくる「ちんすこう」

国内産の材料にこだわって、沖縄名菓の「ちんすこう」を焼いてみました。さくっとして塩加減もちょうどいい感じです。

材料（約20個分）
国産ブラウンシュガー…60g
太白胡麻油…60g
国産薄力粉…140g
雪塩…小さじ1/2〜1（お好みの塩加減で）

下準備
・薄力粉と雪塩は合わせてはふるっておく。

作り方
1. ボウルに太白胡麻油と国産ブラウンシュガーを混ぜ合わせる。
2. 薄力粉と雪塩を混ぜる。
3. ひとまとめにしてお好みの形に成形したら（厚さは0.5〜1cmが良い）170度に予熱したオーブンで20〜25分焼いて出来上がり。

塩キャラメルマフィン

塩の効いたキャラメルは、ちょっと疲れた時にもいいおやつ。
旨味の強い塩を使うと味のバランスが整います。

材料（7.5cmマフィン型6個分）

〈マフィン用〉
薄力粉…100g
ビートグラニュー糖…80g
全卵…1個
太白胡麻油…70g
ベーキングパウダー…小さじ1
牛乳…30g

〈塩キャラメルクリーム用〉
ビートグラニュー糖…80g
生クリーム…65g
塩…小さじ1/4
クルミ…40g

作り方

1. ボウルに太白胡麻油、ビートグラニュー糖の順に入れ、泡立て器で混ぜ合わせる。溶いた全卵・牛乳の順に加え、その都度なめらかになるまでよく混ぜる。

2. ふるった粉類を加えよく混ぜ合わせる。型に生地を均等に流し込み、190度に予熱したオーブンで20～25分焼いて冷ましておく。

3. 塩キャラメルクリームを作る。生クリームをレンジで30秒ほど温めておく(沸騰させない)。

4. 鍋にビートグラニュー糖を入れ、中火にかけキャラメル色にこげ色がついたら火を止め、温めた生クリームを加える(はねやすいので混ぜる際には注意すること)。

5. ヘラで混ぜながら全体をなじませ、ローストして刻んだクルミと塩を加え再び火にかけ1分ほどフツフツさせたら火を止め、マフィンの上にかけてキャラメルを冷ます。

Bread
and other

手軽に作りたいパンとおやつ

基本の食パンの作り方を覚えたら、あとはそこからアレンジしていくだけ。入れる食材、成形方法などを変えていけばレシピの幅がグンと広がります。また、見た目もおしゃれなスイーツは手土産やプレゼント、持ち寄りなどにも喜ばれそう。誰でも作れる簡単レシピを紹介します。

～粉のおはなし～

パンには強力粉、お菓子には薄力粉など基本の粉の使い分けは知っていても、味わいや食感を粉で使い分けるのは上級者レベル。ここでは、お菓子やパン作りにおすすめの小麦粉の特徴などを紹介します。まずは基本となる、自分にとって使いやすい粉を見つけて作り慣れることから。そこから粉を変えて、風味や食感などに変化をつけてみるとよいでしょう。

強力粉

春よ恋100
春蒔き北海道小麦「はるゆたか」の改良品種。しっとりもっちり。

ゆめちから100
秋蒔き北海道小麦「ゆめちから」。グルテンの力が強く食パンにおすすめ。

春よ恋ブレンド
「春よ恋」に北海道小麦をブレンドした北海道小麦100%の小麦粉。安定したパンが作りやすい。

ゆめちからブレンド
「ゆめちから」に北海道小麦をブレンド。食パンはもちろんのことボリュームを持たせたいパンへのブレンドもおすすめ。

キタノカオリ100
北海道産「キタノカオリ」100%使用。ほんのり黄色みがかった粉。もちもち感が強く感じられる。

10P09
北海道産小麦100%。食パン、プチパンなど幅広く使える。

煉瓦
すっきりとした味わいの中にも北海道小麦らしい香りや甘味が味わえる。歯切れのよい軽い食感のパンに仕上がる。

スーパーキング
高級パン用最強力粉。風味がよく、グルテンの力が強いので、山型食パンなどに最適。

スーパーカメリヤ
色が白く風味がいい、高級パン用強力粉。菓子パンやテーブルロールにおすすめ。

カメリヤ
市販でもおなじみの幅広く使えるパン用強力粉。

ジェニュイン
粒子が細かく、しっとりした焼き上がりに。レーズンパンや、フルーツブレッドなどにおすすめ。

準強力粉

ブリザードイノーバ
窯伸びの良さとふわっとした食感が特徴。山型パンや菓子パンなどに適している。

ゴールデンヨット
パン用最強力粉。窯伸びがよく、きめ細かな食パンに。

イーグル
パン用最強力粉。きめ細かな食パン、テーブルロールに。

タイプER
北海道産のハードブレッド用粉。風味の良い粉。ハード系、ピザ、フォカッチャなどにおすすめ。

メルベイユ（フランス産100%）
フランス産100%外皮パリッと。中はしっとり。噛むほどに味わいのあるフランスパン。ホロホロクッキーなど焼菓子にもおすすめ。

リスドオル
ハードブレッド用。風味がよく、パン屋さんにも定評あり。

メルシーフランス
短時間発酵のフランスパンやホームベーカリーで油脂を入れずにソフトフランスを焼くコースにおすすめ。

Flour

薄力粉

静岡県産薄力粉
静岡県産の薄力粉。国産小麦特有の甘みがあり、焼き菓子におすすめ。もっちりとしたシフォンケーキになる。

ドルチェ
北海道小麦100%薄力粉。甘み旨み共に定評があり、パティシエからも支持されている。

クーヘン
北海道小麦100%。小麦の旨みを味わえる。国産小麦の中でも軽やかな感触で型抜きクッキーやサブレがサクッと仕上がる。パウンドケーキにもおすすめ。

バイオレット
一般的な薄力粉で、焼き菓子はもちろん、幅広い料理に使用できる。

スーパーバイオレット
プロ仕様としては薄力粉の代表ともいうべき粉。バイオレットよりも色が白くてふんわりが特徴。スポンジケーキやシフォンケーキ向き。

ミモザ
製菓用薄力粉。共立てのロールケーキ、スポンジケーキ生地などに最適。クッキーなど焼き菓子にも最適。

全粒粉

北海道全粒粉
パン屋さんで定評のある全粒粉。ビタミンやミネラル、繊維質も豊富で香りがよいのも特徴。

春よ恋 石臼挽全粒粉
北海道小麦「春よ恋」を石臼で丁寧にひいた香りのよい全粒粉。

キタノカオリ 石臼挽全粒粉
北海道小麦「キタノカオリ」を石臼で丁寧にひいた全粒粉。

北海道 薄力全粒粉
北海道小麦「きたほなみ」を使用した薄力の全粒粉。素朴な焼き菓子に。

北海道産 ライ麦全粒粉
北海道産ならではの粉の甘みと豊かな香り。ドライフルーツやナッツとの相性も抜群。

北海道産 石臼挽ライ麦全粒粉
ライ麦を石臼で丁寧にひいた全粉粉。香り豊か。

ライ麦全粒粉 細挽
ライ麦を殻ごと引いた全粒粉で粒が細かく香りがよい。

ライ麦全粒粉 中挽
ライ麦を殻ごと引いた全粒粉。ハード系のパンを作る時によく使われる代表的な粉。

その他

もち大麦粉
粉の約10%を置き換えると、パン生地がもちもちに仕上がる。サンドイッチやバーガーのパンにおすすめ。

焙煎大麦粉
食物繊維が豊富な大麦を焙煎し、そのまま粉砕。香ばしい香りと色付きが特徴。パンやパウンド、クッキーに。10%ほど置き換えで使用してみて。

焙煎玄米粉
香ばしく焙煎した玄米粉。10〜20%を置き換えるのがおすすめ。玄米あんぱんやウィンナーロールなどを作りたい時に。

発芽玄米粉
話題のギャバ、ビタミン、ミネラル、食物繊維が豊富な発芽玄米粉。粉の10〜20%を置き換えたら、からだにもやさしいパンになる。

スペルト小麦粉
パン用小麦の原種にあたる古代小麦。ハード系のパンにおすすめ。天然酵母との相性もいい。

おからパウダー
タンパク質、食物繊維など体に嬉しい効果がたくさん。パンや焼菓子、その他料理にも、糖質制限のレシピに。

大豆粉
栄養豊富で糖質オフなどを目指すパンやお菓子づくりにおすすめ。

手軽に作りたいパンとおやつのレシピ

焼き立てのパンの香りや粉の甘みをたっぷり味わえる、
ベーシックなパンやおやつでブレイク。
体にいいことを続けるには、頑張りすぎないのがコツ。
ここではパンを中心に、手軽に作れるおすすめのレシピを紹介します。

Bread

recipe_01

ベーシックな食パン

ここで紹介するのはホームベーカリーがなくても作れる簡単レシピ。
102〜105Pまでの食パンアレンジも同じ手順で作れます。
毎日自家製の焼きたて食パンを食べたい人はホームベーカリーがあると便利です。

材料（1斤分）

強力粉…280g　　ゲランドの塩4g　　　　　　　　　　きび糖…20g
ドライイースト…3g　　パン用練り込みミルクパウダー…6g　　水…200g
　　　　　　　　　　　　　　　　　　　　　　　　　　無塩バター…20g

〈水の温度について〉 ☆夏…冷蔵庫で冷やした水　☆冬…35℃くらいのぬるま湯

作り方
1. ボウルにふるった強力粉、きび糖、ゲランドの塩、ミルクパウダーを加え混ぜる。少しぬるめの水にイーストを溶かし加える。少し粉っぽさがのこってもよいので、ヘラで混ぜる。

2. 生地を作業台に移して、バターを加えてこねていく。生地を手前に起こし折り返す(200回くらい繰り返す)。 表面がきれいになるように丸めてまとめる。

3. こね上がりのポイントは生地をつまんで引っ張ると向こうが見えるぐらい薄く伸びるまで。(a) 生地温度は28℃がベスト。生地をボウルに戻して35℃くらいの温かい場所で保湿をしながら1次発酵。40〜60分。

4. 生地を2分割したら、それぞれとじ目を下にして丸める。発酵と同じ状態で10分くらい休ませる。

5. ガス抜きをして、めん棒で伸ばし生地を縦に三つ折りして手前から巻いていく。(b)

6. とじ目を下にして、ショートニングを塗ったケースにいれ、温かい所で保湿しながら2次発酵。(c)(d)

7. 190〜200度に予熱したオーブンで20〜30分ほど焼成する。

ホームベーカリー

自宅にホームベーカリーがあれば、作り方1〜4のことを自動でやってくれるので、とても簡単。専用の粉を使えば分量を計らずに使えます。

Gift Wrapping

焼きたての食パンは、スッポリ入る大きめの紙袋に入れて。ペーパーリボンや、グリーンなどを添えれば、おすそ分けも喜ばれるギフトに。

recipe_02

レーズン入り食パン

レーズンがぎっしり入ったパンは少し硬くなっても
レーズンに含まれる水分で、噛みしめるほどに美
味しいパンになります。バターをのせてトースター
で焼いたり、フレンチトーストにしたり、シナモン
を軽くふりかけたりしても美味しい！

材料

強力粉…280g	パン用練り込みミルクパウダー…6g
無塩バター…20g	きび糖…20g
ドライイースト…3g	水…200g
ゲランドの塩…4g	レーズン…80g

作り方
P101・ベーシックな食パンのレシピを参照。バターを加えたとこ
ろで馴染んだらレーズンを入れる。

◆ レーズン

カルシウム、マグネシウム、鉄分、食
物繊維、カリウムなどが多く含まれる
レーズンは、むくみ改善やダイエット
に効果が。甘みが出るため、砂糖を抑
えることもできる。

recipe_03

キャラメルりんごブレッド

ほんのり甘酸っぱいりんごが口の中に広がって、何もつけずにパクパクいけちゃう子どもが大好きな食パンです。

材料（ホームベーカリー1斤 4時間コース）
スーパーカメリヤ…280g
無塩バターまたは無塩マーガリン…20g
ドライイースト…3g
塩…4g
練り込み用ミルクパウダー…6g
きび糖…20g
水…200g
キャラメルチョコチップ、蜜りんご…各50g

作り方
1. イースト以外の粉類は、ふるいにかけたら、ホームベーカリーにキャラメルチョコチップと蜜りんご、無塩バター以外をセットして水を加えてスタートする（イーストは、あれば自動投入）。
2. 生地がまとまってきたら無塩バターを入れる。生地がまとまり始めたところで、キャラメルチョコチップと蜜りんごを入れる。
3. 焼き上がったら、すぐにホームベーカリーから取り出す。粗熱が取れたら完成。焼きたては子どもも喜ぶ味。翌日はバタートーストやラスクにしてもおいしく食べられる。

※ホームベーカリーを使わない場合の作り方は、101ページを参照。②のバターを入れた後にキャラメルチョコチップと蜜りんごを入れてこねる。

recipe_04

雑穀入り食パン

日本人好みのもちもちした食感が楽しめる、食べごたえのある食パン。残りものの雑穀ごはんが使えるのも嬉しいレシピです。

材料（ホームベーカリー1斤 4時間コース）
春よ恋ブレンド…250g
雑穀ごはん（一度炊いて冷ましたもの）…100g
有機穀物の天然酵母（ドライの天然酵母）…3g
塩…4g
きび糖…20g
水…180g
太白胡麻油…15g（バターでも可）

作り方
1. 酵母と雑穀ごはん以外の粉類は、すべてふるいにかけてホームベーカリーにセットする。酵母はあれば全自動投入にセット。
2. ①に水を加えてスタート。生地がまとまってきたら油を注ぎ入れる。
3. ホームベーカリーのドライフルーツを入れるタイミングで、雑穀ごはんを入れて焼き上がりを待って完成。もちもちした食感が楽しめる。

※ホームベーカリーを使わない場合は、101ページ参照。
②のバターを入れた後に雑穀ご飯を入れる。

recipe_05

7種のフルーツブレッド

切り口がカラフルで、見た目も綺麗な食パン。
噛むほどに色んな味が口の中に広がる、
おもしろさのあるパンです。

材料（ホームベーカリー1斤 4時間コース）
スーパーカメリヤ…280g
無塩バターまたは
無塩マーガリン…20g
ドライイースト…3g
ゲランドの塩…4g
練り込みパン用ミルクパウダー…6g
きび糖…15g
水…200g
デーツ…20g
無漂白マンゴー…30g
5色のフルーツミックス…50g
（レーズン、クランベリー、
パパイヤ、パイン、グリーン
レーズン）
ラム酒…少々
クルミ…20g

作り方
1. ボールにドライフルーツ（マンゴー・デーツはカットする）を入れ、ラム酒を振りかけ軽くもんで馴染ませておく。
2. ホームベーカリーに①とクルミ、無塩バター以外の材料をセットし水を加えスタート。生地がまとまってきたら無塩バターを入れる。ホームベーカリーのドライフルーツを入れるタイミングで、①とクルミを入れる。
3. 焼き上がりを待って完成。お好みのドライフルーツやナッツ類を足してもOK。冷めてもおいしい。

※ホームベーカリーを使わない場合は、101ページ参照。
②のバターを入れた後にドライフルーツ、ナッツを入れこねる。

Bread

recipe_06

シナモンロール

ラムレーズンや蜜りんごがたっぷりのシナモンロールは、フルーツの甘味が口いっぱいに広がります。

◆ **シナモンパウダー**

昔から薬やアロマにも使われるシナモン。気分が落ち込んでいる時にリフレッシュしたり体調を整えたり、体を温める効果があると言われている。また肌や消化促進作用で胃腸を整えてくれるそう。

材料（8cm×2cmのベーキングカップ8個分）

A
- 強力粉…175g
- 薄力粉…40g
- ゲランドの塩…4g
- きび糖…20g
- 牛乳…160g
- ドライイースト…3g
- 無塩バターまたは無塩マーガリン…25g

B
- シナモンパウダー…1g（お好みで）
- グラニュー糖…15g
- ラムレーズン・蜜りんご…各30g
- 艶出し用の卵…適宜
- アイシング…粉砂糖100g＋水20g

下準備
- ホームベーカリーの生地づくりコースで材料Aを入れ生地を作る。（または、ベーシックな食パンの作り方参照）
- Bを混ぜシナモンシュガーを作っておく。

作り方（ホームベーカリー生地づくりコース）

1. 台の上に軽く粉をまいて打ち粉をし、ケースから生地を取り出し、めん棒で23cm×25cm伸ばす。（a）
2. 生地の向こう側1〜2cmを残して、シナモンシュガー、ラムレーズン、蜜りんごを散らす。（b）
3. 生地の手前から巻いていき、巻き終わりの生地をしっかりつまんで閉じる。（c）
4. ロールになったパン生地を、軽く転がしながらなじませ、8等分に切り分けベーキングカップに入れる。（d）
5. あたたかいところで保湿しながら30分ほど2次発酵させる。
6. 艶出し用の卵を塗り天板に並べて、180度に予熱したオーブンで12〜15分焼成する。
7. あら熱が冷めたところで、アイシング（粉糖と水をよく混ぜ合わせる）を上からかけて出来上がり。

Bread

recipe_07

プチパン

サイズの小さなプチパンは、そのまま食べても、ジャムをつけてもおいしい。
半分にカットして、間にチーズやトマト、ハンバーグなどを挟んで小さなハンバーガーにすれば、喜んで食べてくれます。

材料（8個分）
強力粉…150g
無塩バターまたは無塩マーガリン…12g
ドライイースト…3g
ゲラントの塩…2g
きび糖…12g
水…95g

作り方
1. ボウルにふるった強力粉、きび糖、グラントの塩を加え混ぜる。少しぬるめの水にイーストを加え、混ぜて溶かして加える。少し粉っぽさがのこってもよいので、ヘラで混ぜる。
2. 生地にバターを加えて手でこねていく。生地を手前に起こし折り返す。(a) ある程度まとまったら作業台の上で200回くらい繰り返す。表面がきれいになるように丸めてまとめる。
3. こね上がりのポイントは生地をつまんで引っ張ると向こうが見えるぐらい薄くのびるまで。(b) 生地温度は28℃がベスト。生地をボウルに戻して35℃くらいの温かい場所で保湿をしながら1次発酵。40分〜60分。
4. 生地を8分割したら、それぞれとじ目を下にして丸める。(c) 固く絞った布巾をかぶせ、発酵と同じ状態で10分〜15分休ませる。
5. 生地を軽く押えて丸め直す。きれいな面を出すように成型する。
6. クッキングシートを敷いた天板に丸めた生地のとじめを下にして並べる。オーブンの発酵機能を使い、40℃で30分発酵させる(二次発酵)。発酵機能がない場合は、大きめのビニール袋に入れて保湿しながら発酵させる。
7. 180度に予熱したオーブンで12〜15分ほど焼成する。

ホームベーカリーを使っても
ホームベーカリーがあれば作り方①〜③までの手順は任せることができて便利。④以降の手順は同じ。

recipe_08

ごまパン（プチパンアレンジ）

たっぷりのごま入りプチパンは、香ばしくパクパク食べられるみんなのお気に入り。

材料(8個分)
プチパンの材料
黒いりごま…20g

作り方

1. P109プチパンの作り方①～③参照。ごまを入れるタイミングはプチパンの作り方②の途中。ごまを散らしたら、まんべんなく生地に混ざるようにこねあげる。

2. 生地を8分割したら軽く押さえて丸め直す。きれいな面を出すようにして、両手の小指を生地の中央にのせて、ぐっと生地の下まで押し付け、くびれを作る。(a)

3. あたたかいところで保湿しながら30分発酵させる(2次発酵)。(b)

4. 180度に予熱したオーブンで12～15分ほど焼成する。出来上がり。(c)

recipe_09

パニーニ（プチパンアレンジ）

コッペパンを作ったら、具材をサンドして焼くだけの簡単な方法でパニーニ作り！

材料（4個分）

強力粉…150g
無塩バターまたは無塩マーガリン…12g
ドライイースト…3g
ゲランドの塩…2g
きび糖…12g
水…95g

〈パニーニの具材〉
ハムやチーズ、薄くスライスしたトマトやピクルス等、お好みの具材

作り方
1. P109プチパンの作り方①〜③参照。
2. 生地を4分割したら、それぞれとじ目を下にして丸める。固く絞った布巾をかぶせ、発酵と同じ状態で10分くらい休ませる。
3. 生地を楕円になるようにめん棒で軽くのばし、上の1/3折りを軽くおさえ、下から1/3折りを合わせ目を中央にしてしっかり閉じる。
4. クッキングシートを敷いた天板に③のとじ口を下にして並べる。オーブンの発酵機能を使い、40℃で30分発酵させる(2次発酵)。発酵機能がない場合、ビニール袋に入れ保湿しながら発酵させる。
5. 180度に予熱したオーブンで12〜15分ほど焼成。コッペパンの出来上がり。
6. パンが冷めたら、横から切り目を入れて、具材を挟む。
7. オーブンシートを敷いた天板に並べ、パンの上にオーブンシートをのせ、さらに天板をのせて重しにする。
8. 180度に予熱したオーブンで5〜10分焼成する。

recipe_10

バターロール

何にでも合わせやすいバターロールは覚えておきたい。
焼きたてのバターの香りに誘われて早起き出来そう。

材料(8個分)

強力粉…225g　　水…135g
ゲラントの塩…2g　　ドライイースト…3g
きび糖…30g　　無塩バターまたは無塩マーガリン…20g
全卵…25g　　パン用練り込みミルクパウダー…8g

作り方(ホームベーカリー生地作りコース)

1. ホームベーカリーの生地作りコースで材料を入れ生地を作る。
2. 台の上に軽く粉をまいて打ち粉をし、ケースから生地を取り出し、均等になるように8個に分割して丸め、硬く絞った布巾をかぶせて10〜15分ほど休ませる。
3. 生地を手で転がしながら片方の先端を細くして、しずく型にする(a)
4. 生地の細い方を手前、太い方を奥に置いて、太い方に向かってめん棒をかけ伸ばす。(b)
5. 太い方から手前に巻いて、とじ目を下にして天板に並べ、保湿をしながら温かいところで30分ほどおく。(2次発酵)(c)
6. 180度に予熱したオーブンで12〜15分焼成する。

recipe_11

クリームパン
（自家製カスタードクリームの作り方）

バターロールをマスターしたら、その生地で自家製カスタードがたっぷり詰まった、クリームパンに挑戦！

〈カスタードクリームの作り方〉
材料（クリームパン8個分）

卵黄…2個分	グラニュー糖…40g	無塩バター…20g
牛乳…150ml	薄力粉…20g	バニラオイル…少々
		ラム酒…お好みで

作り方
1. 耐熱のボウルに卵黄、大さじ2の牛乳（分量から）、バニラオイルを加え混ぜる。
2. ①にふるった薄力粉とグラニュー糖を加え、泡立て器でなめらかになるまで混ぜ合わせ、残りの牛乳を加え、混ぜる。
3. ラップをふんわりとかけ600Wのレンジで1分半、取り出してかきまわし、もう一度、1分半レンジにかけてかき混ぜる。
4. クリーム状になったら、バターを加えよく混ぜ、冷ます。
パンに包む前に泡立て器でクリームをよくほぐす。（お好みでラム酒を加えるのもおすすめ。）

〈クリームパンの作り方〉
※パン生地の材料・作り方は P112バターロール参照
材料　艶出し用の卵…適量
　　　飾り用アーモンドスライス…少々

バターロールの生地を使って、クリームを包み込み2次発酵。表面に艶出し卵を塗り、アーモンドを飾り付けたら180度に予熱したオーブンで13〜15分焼成する。

Bread

Bread

recipe_12

メロンパン（メロン皮の作り方）

クッキー生地を作って、バターロール生地を包めば、焼きたてメロンパンの完成！初心者にもおすすめです。

〈メロン皮の作り方〉

材料（8個分）
薄力粉…150g
無塩バター…60g
グラニュー糖…70g
全卵…40g
バニラオイル…少々

作り方（メロン皮は前日に準備しておく）
1. 薄力粉をふるっておく。
2. 別のボウルに、室温に戻したバターを入れて泡立て器でクリーム状になるまで練る。
3. グラニュー糖を加えてすり混ぜる。
4. 全卵をときほぐして③に3〜4回に分けて入れ、その都度よく混ぜる。
5. ④にバニラオイルを加えて混ぜる。
6. ⑤に①のふるった粉を加え、練らないように切るように混ぜていく。
7. 少し粉っぽさが残っても良いので、ひとまとめにしてラップにくるみ冷蔵庫で寝かせる。（ひと晩ぐらい）

〈メロンパンの作り方〉
1. P112バターロールのレシピ①〜②を参照
2. ひと晩寝かせたメロン皮の生地を8個に分割して丸め、手のひらで平らにして伸ばす。(a)
3. パン生地を少し押さえてガス抜きしてから丸め直し、メロン皮の生地で包む。(b) この時、メロン皮の生地をすこしずつ伸ばしながらパンを包み込む。(c)
4. メロン皮の表面をぬれた布巾において、生地を少し湿らせてから、小さなボウルに入れたグラニュー糖をつけるとつけやすい。(d)
5. カードなどで、表面にメロンの網目模様をつける。(e)
6. オーブンシートを敷いた天板に並べ、35℃くらいの温かいところに保湿しながらおく。(2次発酵約30分) (f)
7. 180度に予熱したオーブンで15分〜20分焼成する。

recipe_13

グリッシーニ

スパイシーでカリカリのグリッシーニ。ベーコンやドライトマト、バジルなどのハーブを入れても美味しく、ブラックペッパーを多めに入れてスパイシーにすればお酒のおつまみにぴったりです。

材料（スティック約18本）

準強力粉…200g　　きび糖…3g
オリーブオイル…20g　ドライイースト…2g
水…110g　　　　　エダムチーズ…40g
ゲランドの塩…2g　　お好みでブラックペッパー…適宜

作り方
1. ブラックペッパー以外の材料をホームベーカリーに入れて生地を作る。
2. 生地を取り出し、18等分にして丸め、固く絞った布巾をかけて10分ほど休ませる。
3. 紐を作る要領でコロコロと転がしながら25cmくらいまで伸ばす。(オーブンの天板に並べられる最長の長さにしましょう)。
4. 天板に並べたら、お好みでブラックペッパーをふりかける。
5. 160度に予熱したオーブンで35〜40分焼成する。

◆ 黒胡椒

黒胡椒は少量でも血行を良くし、体を温めて、全身に活力を与えてくれる。また代謝が上がるため、ダイエットなどにも効果的。また殺菌作用もあるので、日持ちしやすくなる。

recipe_14

モチモチ蒸しパン

子どもが好きな蒸しパンは、一度作り方を覚えれば簡単。さつま芋を加えたり、レーズンを入れたり、チョコチップを入れたりと、アレンジは無限です。

材料（直径4cm高さ3.5cm型 10個分）
薄力粉…80g
全卵…2個
ビートグラニュー糖…80g
太白胡麻油…50g
牛乳…25g
ベーキングパウダー…小さじ1/2
重曹…小さじ1/2

作り方
1. ボウルに全卵を入れ泡立て器で溶き、ビートグラニュー糖を加え混ぜ合わせる。ふるった薄力粉・牛乳の順に加えそのつどよく混ぜ合わせる。ボウルにラップをかぶせ室温で1時間寝かせる。
2. 別のボウルにベーキングパウダーと重曹を入れ混ぜ合わせ、水大さじ1（分量外）を加えよく溶き、①のボウルに加え混ぜ合わせる。太白胡麻油を加えて混ぜ合わせる。
3. 生地をカップに流し込み、蒸気のあがった蒸し器に入れて10分〜12分ほど蒸す。

Bread

recipe_15

ブラウニー

濃厚なチョコレートの生地の中には、香ばしいクルミと酸味のあるクランベリー。ひと切れで満足できる重厚な味わいのケーキです。

材料（12ｃｍ角型３枚分）

製菓用ビターチョコレート…200ｇ	卵1個＋水…合わせて90ｇ
薄力粉…70ｇ	ドライクランベリー…30ｇ
無塩バター…80ｇ	ザク切りチョコ…30ｇ
牛乳…50ｇ	クルミ（刻み）…50ｇ
きび糖…50ｇ	

作り方

1. ボウルにチョコレートと無塩バターを入れて湯せんで溶かす
2. 牛乳を人肌に温めてから加え、きび糖、卵と水、ふるった薄力粉を加えよく混ぜる。
3. ②にクランベリー、ザク切りチョコ、クルミを加えざっくり混ぜる。
4. オーブンシートを敷いた角型３枚のトレーにそれぞれ③を分けて流し込む。
5. ④を180度に予熱したオーブンで20分、170度に下げて１５分焼く。
6. 冷めたらお好みの大きさにカットして出来上がり。

recipe_16

ホワイトブラウニー

お馴染みのブラウニーもホワイトチョコをベースにしたら、こんなに新鮮。ライトな口当たりです。

材料（12cm正方形型2枚）
製菓用ホワイトチョコ…80g　　薄力粉…20g
太白胡麻油…50g　　　　　　　卵白…2個分
卵黄…2個分　　　　　　　　　ビートグラニュー糖
ビートグラニュー糖　　　　　　（卵白用）…25g
（卵黄用）…25g　　　　　　　ドライクランベリー…80g

作り方

1. ホワイトチョコレートと太白胡麻油をボウルに入れ、湯煎にかけて溶かす。

2. 別のボウルに卵黄を入れ、ビートグラニュー糖を加えて白っぽくなるまで泡立て器で混ぜ合わせる。①、ふるった薄力粉の順に加え、その都度よく混ぜ合わせる。

3. 別のボウルに卵白を入れ、ハンドミキサーで軽く泡立てる。ビートグラニュー糖を2～3回に分けて加えて、ツノが立つまで泡立て、しっかりとしたメレンゲを作る。

4. ②に③のメレンゲの1/4の量を加えてしっかり混ぜ合わせる。ゴムベラに持ち替えて残りのメレンゲを2回に分けて加え、白い筋が見えなくなるまで手早く混ぜ合わせる。

5. ④にドライクランベリーを加え、全体に混ざるようにさっくり混ぜ合わせる。

6. オーブンシートを敷いた型に生地を均等に流し込み、150度に予熱したオーブンで20～30分焼く。

Other Sweets

recipe_17

チョコレート・ロシェ

作り方はとっても簡単。でも味は間違いなし!
お菓子作りが初めての人でも失敗なく作れます。

材料（約20個）
製菓用ビターチョコ…50g　　コーンフレーク…30g
コーティングスイートチョコ…50g　　お好みのナッツ…40g

下準備
・ナッツは130度のオーブンで30分ほどローストして、冷ましたあと刻んでおく。

作り方
1. コーンフレークとナッツを合わせて混ぜておく。
2. ボウルに2種類のチョコレートを入れて湯せんで溶かし、①を加え全体にチョコレートがからむようにサックリ混ぜ合わせる。
3. チョコレートが固まらないうちに、クッキングシートの上にスプーンですくって、直径2〜3cmの山のような形に並べていく。冷蔵庫で30分ほど冷やし固める。

◆ コーティングスウィートチョコレート

テンパリング不要のコーティングチョコレートを50℃程度の湯煎で溶かして、少量でもきれいなコーティングが楽しめます。アイスクリームにかけるなど、気軽に使える。

column

さまざまなチョコレート

市販のチョコレートはそのまま食べることを前提に作られているため、製菓に転用するのには不向き。クーベルチュールは、カカオバター以外の油脂を使っていない純粋なチョコレートのため、カカオ本来の風味を楽しむことができます。本格的な製菓用のチョコレートと、簡単に溶かせるコーティング用チョコレートを上手く組み合わせると、手軽においしいお菓子が作れます。

recipe_18

生チョコタルト

寒い冬に食べたくなるのが、ビターでスマートなチョコレートバー。グラハムクッキーを敷き詰めた型にビターチョコで作った生チョコフィリングを流して焼きます。ひと口大に切り分けてプレゼントするのもいいですね。

材料（12cm角型3枚分スティック18本分）

生クリーム…200ml　　製菓用チョコレート…200g
牛乳…75ml　　　　　グラハムクッキー…200g
全卵…1個　　　　　　無塩バター…60g
　　　　　　　　　　牛乳…大さじ2杯
　　　　　　　　　　ココアパウダー…適宜

作り方

1. ビニール袋に割りくずしたグラハムクッキーと溶かしたバターを入れてもむように混ぜ、牛乳大さじ2杯を加えよく混ぜる。オーブンシートを敷いた12cm角型3枚に分け敷き詰める。
2. 小鍋に生クリームと牛乳を入れ、人肌まで温めたらチョコを入れ、ゆっくり溶かし混ぜる。沸騰させないよう注意すること。
3. チョコが溶けたら鍋底に氷水を当てて粗熱を取り、全卵を加えて混ぜる。
4. ①に③のフィリングを均等に静かに流し込んで180度に予熱したオーブンで約20分焼く。
5. 冷めたらココアパウダーをトッピングし、スティックに切る。

◆ ココアパウダー

身近なココアはナッツと並ぶスーパーフード。抗酸化作用のポリフェノールが多く、虫歯予防にもなり、集中力を高めてくれる。また自律神経を整えるテオブロミンでリラックス効果も。

recipe_19

季節のフルーツゼリー

フレッシュなフルーツがたっぷり入った海藻由来ゼリー。苺やキウイ、パインはもちろん夏はスイカもおすすめ。プラスチックのパフェカップで作れば手みやげとしても喜ばれそう。

材料（180ccカップ5個分）
パールアガー…20g
微粒子グラニュー糖…60〜80g
水…600g
フルーツ酸…3g
季節のフルーツ（食べやすい形にカット）…お好みで

作り方
1. 乾いた容器にパールアガーと微粒子グラニュー糖を混ぜ合わせる。
2. 小鍋に分量の水を入れ火にかけ、①を入れ静かに混ぜ合わせる。
3. ②が80℃以上になったら（沸騰前に）火を止め、水大さじ1（分量外）で溶いたフルーツ酸を加え、均一になるよう混ぜ合わせる。
4. ③のあら熱を取る間に、食べやすい大きさにカットしたフルーツをカップ半分くらいまで彩りよく入れておく。
5. ③のあら熱が取れたら（アガーは45℃でゲル化し始め常温で固まるので注意）④に静かに流し込んで冷蔵庫で冷やして出来上がり。

◆ パールアガー

アガーは海藻由来のゲル化剤。夏でも崩れず、透明度があり、ゼリーと寒天のちょうど中間ぐらいのプルっとした弾力に仕上がります。食物繊維もたっぷり摂れ、常温で固まるので扱いも簡単。

recipe_20

フルーツピューレのマシュマロ

冷凍のフルーツピューレで作るフルーティーなマシュマロ。できたてはシュワっとほどける口どけの良さ、ひと晩冷蔵庫で冷やせばしっかりした弾力と、食感の変化も楽しめます。

材料（12cm角型1枚）

卵白…1個分　　　　　　コーンスターチ…適量
粉ゼラチン…5g　　　　 フルーツピューレ…20g
グラニュー糖…20g　　　（冷凍の場合は解凍しておく）
水…15g

作り方

1. 12cm角型にグラシン紙を敷き、コーンスターチを全体にふっておく。ボウルにゼラチンと水を入れふやかしておく。

2. ①のゼラチンがふやけたら、湯煎で溶かし、フルーツピューレを加える。酸味の強いピューレを使う場合はお好みでグラニュー糖10〜20g（分量外）を入れてゼラチンと一緒に溶かしておく。

3. 別のボウルに卵白とグラニュー糖を2〜3回に分けて入れハンドミキサーでツノが立つまで泡立てる。②を少しずつ加えて、さらにしっかり泡立てる。

4. ①のトレーに流し入れ表面をヘラなどでならす。冷蔵庫で2時間ほど冷やし固めたらコーンスターチをまぶしながらナイフで食べやすい大きさにカットする。

◆ 冷凍フルーツピューレ

マンゴー、ラズベリー、ストロベリーなど完熟果物をそのまま加糖せずにピューレにしたものを冷凍している。解凍すればムース、ソース、ゼリーなどにも使いやすい。

recipe_21

フルーツピューレのソルベ

生のフルーツを食べているような、トロリとした、甘酸っぱいコクのあるシャーベット。冷やし固める間にかき混ぜなくてもふわふわの舌ざわり、溶けにくいのも魅力です。

材料
フルーツピューレ(ここではマンゴーピューレ)…250g
白ワイン…30g+水50g
砂糖…30g(ピューレの甘さに合わせて加減する)
粉ゼラチン…5g
水…30g
飾り用冷凍フランボワーズ…少々

作り方
1. 粉ゼラチンを水でふやかしておく。
2. 白ワイン+水を鍋に入れ、煮立たせて砂糖を加える。
3. 砂糖が溶けたらふやかしたゼラチンを入れて煮溶かす。(ゼラチンを入れたら沸騰させないように注意)。
4. 火を止め、ピューレを加えて混ぜ合わせる。
5. バットに流し込んで、フランボワーズを散らし、冷凍庫で凍らせたら出来上がり。

recipe_22

ベリーのクラフティ

焼きたてでも冷やしても美味しく味わえる、フランスの伝統菓子。季節のフルーツを使ったらお母さんの手作りおやつの定番になりそう。小さなココットで焼いてもかわいく作れます。

材料（Φ18cmタルト型1枚分）
冷凍パイシート…半分（28×18cm）　　きび糖…30g
生クリーム…100ml　　　　　　　　　全卵…1個
牛乳…20g

ブルーベリー＆ラズベリー…適量
（フルーツはお好みでなんでもOK。酸味の強いフルーツがよく合います。冷凍・缶詰も可）

作り方
1. パイシートを解凍し、短い辺が型より大きくなるようにめん棒で伸ばす。

2. ①を型に敷き込み、型から出た生地はナイフで切り落とす。底面をフォークの先で何ヶ所か刺して穴をあけ、冷蔵庫に入れて30分程休ませる。

3. ボウルに生クリーム、牛乳、砂糖、卵を入れて混ぜ合わせアパレイユを作る。②の型に流し込み、フルーツを並べて190度に予熱したオーブンで25分～30分焼く。型に入れたまま冷ましあら熱が取れたら冷蔵庫で冷やして出来上がり。

recipe_23

豆乳花

女性に嬉しいイソフラボンや良質なたんぱく質が摂れる豆乳を使って作るおやつ。ゼラチンで肌が喜ぶコラーゲンもプラス。素朴な味わいながらいいことずくめのデザートです。

材料（90mlカップ5個分）

無調整豆乳…400g　　水…30g
砂糖…20g　　　　　きな粉…適量
粉ゼラチン…5g　　　黒蜜…適量

下準備
・粉ゼラチンを水でふやかしておく。

作り方
1. 鍋に豆乳と砂糖を入れ火にかける。このとき煮立たせないように注意する。砂糖が溶けたら火を止め、ふやかしたゼラチンを加え余熱で溶かす。
2. 鍋底を氷水で冷やし、ゴムベラで混ぜながら冷ます。カップに均等に流し込み冷蔵庫で冷やし固める。

食べる直前にきな粉と黒蜜をかけて、召し上がれ。

Other Sweets

パンの材料屋maman　プロフィール

2003年製パン製菓材料卸を営むマルサン商事株式会社プロデュースのもと静岡市駿河区の倉庫の一角にてオープン。
2010年専門店を目指し店舗を移転。
製パン製菓材料に関わる3,000アイテム以上の商品を置き、簡単に作れるレシピ、美味しい食べ方、お洒落なラッピング方法などを提案しながら日々営業活動中。

著者	パンの材料屋 maman
撮影	大津三千代　海老原彩
企画・編集	海老原彩
デザイン	山本弥生　石田淳

ドライフルーツ・ナッツ・雑穀の簡単レシピ86
からだにいい素材でつくるおやつとパン

2016年10月21日　第1刷発行

発行人　山下有子

発行所　有限会社マイルスタッフ
　　　　〒420-0865　静岡県静岡市葵区東草深町22-5　2階
　　　　TEL：054-248-4202

発売元　株式会社インプレス
　　　　〒101-0051　東京都千代田区神田神保町一丁目105番地
　　　　TEL：03-6837-4635
　　　　●乱丁本、落丁本のお取替えに関するお問い合わせ先
　　　　インプレス　カスタマーセンター
　　　　TEL：03-6837-5016　FAX：03-6837-5023
　　　　乱丁本、落丁本はお手数ですがインプレスカスタマーセンターまでお送りください。
　　　　送料弊社負担にてお取り替えさせていただきます。
　　　　但し、古書店で購入されたものについてはお取り替えできません。

印刷・製本　中央精版印刷株式会社

©2016 MILESTAFF
本誌の無断転載・複製を禁じます。
ISBN978-4-8443-7756-6 C2077